LA CASA DE LA RIQUEZA
ESTUDIOS DE CULTURA DE ESPAÑA
12

El historiador y filósofo griego Posidonio (135-51 a.c.) bautizó la península ibérica como «La casa de los dioses de la riqueza», intentando expresar plásticamente la diversidad hispánica, su fecunda y matizada geografía, lo amplio de sus productos, las curiosidades de su historia, la variada conducta de sus sociedades, las peculiaridades de su constitución. Sólo desde esta atención al matiz y al rico catálogo de lo español puede, todavía hoy, entenderse una vida cuya creatividad y cuyas prácticas apenas puede abordar la tradicional clasificación de saberes y disciplinas. Si el postestructuralismo y la deconstrucción cuestionaron la parcialidad de sus enfoques, son los estudios culturales los que quisieron subsanarla, generando espacios de mediación y contribuyendo a consolidar un campo interdisciplinario dentro del cual superar las dicotomías clásicas, mientras se difunden discursos críticos con distintas y más oportunas oposiciones: hegemonía frente a subalternidad; lo global frente a lo local; lo autóctono frente a lo migrante. Desde esta perspectiva podrán someterse a mejor análisis los complejos procesos culturales que derivan de los desafíos impuestos por la globalización y los movimientos de migración que se han dado en todos los órdenes a finales del siglo XX y principios del XXI. La colección «La casa de la riqueza. Estudios de Cultura de España» se inscribe en el debate actual en curso para contribuir a la apertura de nuevos espacios críticos en España a través de la publicación de trabajos que den cuenta de los diversos lugares teóricos y geopolíticos desde los cuales se piensa el pasado y el presente español.

Javier Domínguez García

Memorias del futuro

Ideología y ficción en el símbolo
de Santiago Apóstol

Iberoamericana • Vervuert • 2008

Bibliographic information published by Die Deutsche Nationalbibliothek. Die Deutsche Nationalbibliothek lists this publication in the Deutsche Nationalbibliografie; detailed bibliographic data are available on the Internet at http://dnb.ddb.de

© Iberoamericana, 2008
Amor de Dios, 1 – E-28014 Madrid
Tel.: +34 91 429 35 22
Fax: +34 91 429 53 97
info@iberoamericanalibros.com
www.ibero-americana.net

© Vervuert, 2008
Elisabethenstr. 3-9 – D-60594 Frankfurt am Main
Tel.: +49 69 597 46 17
Fax: +49 69 597 87 43
info@iberoamericanalibros.com
www.ibero-americana.net

ISBN 978-84-8489-373-8 (Iberoamericana)
ISBN 978-3-86527-397-0 (Vervuert)

Depósito Legal: S. 688-2008

Imagen de la cubierta: Detalle de St. James, Capilla del castillo de Rouen, aprox. 1260
Foto: Marie-Lan Nguyen
Diseño de la cubierta: Michael Ackermann

The paper on which this book is printed meets the requirements of ISO 9706

Impreso en Gráficas Varona, S.A.

Índice

AGRADECIMIENTOS

Quiero expresar mi gratitud a Utah State University por la constante ayuda que me ha brindado para llevar a cabo la investigación necesaria así como la publicación de este libro. Sin el apoyo intelectual del profesor David Castillo, probablemente no habría iniciado este proyecto y ciertamente no lo habría concluido.

La patria es la madre de todos los vicios: y lo más expeditivo y eficaz para curarse de ella consiste en venderla, en traicionarla: venderla?: por un plato de lentejas o por un Perú, por mucho o por nada: a quién?: al mejor postor: o entregarla, regalo envenenado, a quien nada sabe ni quiere saber de ella: a un rico o a un pobre, a un indiferente, a un enamorado: por el simple, y suficiente, placer de la traición: de liberarse de aquello que nos identifica, que nos define: que nos convierte, sin quererlo, en portavoces de algo: que nos da una etiqueta y nos fabrica una máscara: qué patria?: todas: las del pasado, las del presente, las del futuro: las grandes y las chicas, las poderosas, las miserables: venta en cadena, delito continuado, traición permanente y activa [...] Oídme bien: Meseta ancestral, espada invicta del Cid, caballo blanco de Santiago: nada os resistirá: la máscara nos pesa: el papel que representamos es falso (116-119).

Juan Goytisolo,
Reivindicación del conde don Julián, 1970

I. Introducción

MEMORIAS DEL FUTURO

El epígrafe de la página anterior muestra la idea del matricidio simbólico como el vehículo necesario para escapar de una identidad impuesta a lo largo de los siglos por la acumulación del pensamiento dogmático. La perdurable traición destructora de la «España sagrada» propuesta por Juan Goytisolo equivale a la destrucción del «mito de España» tal como ésta fue imaginada por los Reyes Católicos: una madre patria despiadada, sicario de lo heterodoxo, forjada en las mentalidades modernas por el paso del tiempo, en donde la ortodoxia política ha regido las directrices de una comunidad imaginada en la cual el maniqueísmo y la limpieza de sangre han sido el pan nuestro de cada día, y en donde la Inquisición y la más reciente represión política y social contra gran parte del pensamiento crítico español han hecho de la mayor parte de los intelectuales españoles buenos candidatos para la hoguera o el exilio.

La ideología del Partido Popular, afincada sobre el legado franquista, es inequívocamente el epílogo lógico de esa involución retrógrada en donde el apóstol Santiago de España se ha articulado a lo largo de la historia como el símbolo por antonomasia de la capacidad, esencialmente proteica, del mito de la España sagrada.[1] En el símbolo de Santiago de España no solamente coinciden las memorias de nuestro futuro, presentes en las diferentes propuestas ideológicas de la España actual, sino también todos los diferentes planos históricos sellados por las múltiples y, casi siempre, contradictorias ideas de la nación españo-

---

[1] Para Aristóteles, *mythos* es sinónimo de *narrationum* y se define como una forma poética. Véase Aristóteles, *Poética*, trad. Juan Pablo Mártir Rizo (Köln: Westdeutscher Verlag, 1965), p. 25. Empleo, pues, el vocablo «mito» en su contexto original: discurso o narración entre los griegos antiguos. Cabe señalar que el *Dictionnaire grec-français* de A. Bailly (16ª ed., Paris, 1950) recoge dos series de significados: a) mito como palabra expresada, discurso, relato, rumor, diálogo, conversación, discusión filosófica, etc., algo muy relacionado con *logos*; b) algo opuesto a *logos*: fábula, leyenda, relato no histórico, relato fabuloso, etc. El *Diccionario de la Lengua Española* (22ª ed., Madrid:

la. Señalemos, pues, desde un principio, la esencia no solamente proteica, sino también poliédrica del símbolo de Santiago de España, auténtico reflejo y recuerdo histórico del mito de la España sagrada.

En su célebre ensayo *Marxismo y literatura*, Raymond Williams acertadamente nos recuerda que el reciclaje de la tradición, aunque sólo sea éste de forma selectiva, es un proceso vulnerable, pues en la práctica debe descartar áreas de significación total, reinterpretarlas, diluirlas o convertirlas en otras formas que sostengan, o al menos no contradigan, los elementos verdaderamente importantes de la hegemonía habitual.[2] A la luz de estas propuestas del crítico marxista, nuestro argumento señala a las diferentes y contradictorias «ideas de España» que empezaron a surgir durante la Edad Media y que todavía tienen plena vigencia en las representaciones políticas que de la España actual se hacen hoy en día. Todas estas interpretaciones tienen en común su relación con la figura de Santiago Apóstol, otorgando al peregrino un espacio simbólico en el que las diferentes ideas de la nación crean un tapiz que nos permite entender, desde sus diferentes propuestas, lo que incluye y lo que rechaza, lo que afirma y lo que niega, lo que ilumina y lo que queda en la penumbra. Nuestra tesis, aunque quizá polémica, es también oportuna, pues echa luz sobre la construcción cultural de España en un momento en el que, de nuevo, se está definiendo su realidad política y cultural dentro de un proyecto europeo más amplio, que comparte problemas y realidades remitentes a un pasado que se relaciona directamente con los fenómenos actuales de la inmigración e integración europea.

El uso de mitos para legitimar la «nacionalización de la historia», como puntualmente señaló Pérez Garzón, está muy presente en los discursos conservadores españoles.[3] Aparentemente, esta retórica ha demostrado servir hábilmente a los intereses del discurso hegemónico porque sitúa la idea de España en un momento ahistórico que no puede ser puesto en cuestión desde el momento en que responde a (a la vez que crea) una base emocional (y por tanto

---

Espasa-Calpe, 2005) sólo recoge la segunda acepción: fábula, ficción alegórica, historia ficticia, atribución de realidades inexistentes, etc. Remitamos también al *Manual de retórica literaria de Lausberg*, en donde *mythos* se presenta como subcategoría de *narrationum genera* sin importar la verosimilitud de los hechos narrados: «*Rhet. Her. 1.13 fabula est quae neque veras neque verisimiles continent res, ut eae sunt quae tragoedis traditae sunt*», en Heinrich Lausberg, *Manual de retórica literaria: fundamentos de una ciencia de la literatura*, trad. José Pérez Riesco (Madrid: Editorial Gredos, 1990), p. 138.

2   Raymond Williams, *Marxismo y literatura*, trad. Pablo di Masso (Barcelona: Península, 1980), p. 138.

3   En cuanto a las teorías sobre la «nacionalización de la historia», véase Juan Sisinio Pérez Garzón, *La gestión de la memoria: la historia de España al servicio del poder*

ideológica) capaz de satisfacer a todos los ciudadanos que se ven forzados a reconocerse a sí mismos en la representación que de la nación queda puesta de manifiesto en la iconología nacionalista. Los aparatos ideológicos (tomando prestado el concepto de Louis Althusser) a través de los cuales se representa la idea de España ponen más énfasis en una apelación emocional al individuo que en la imposición de los valores dominantes. En otras palabras, las prácticas hegemónicas no son únicamente represivas, sino también emocionales en el sentido de que ofrecen la posibilidad de pertenecer a una comunidad que comparte sus valores e identidad patria con Santiago Apóstol. La ideología se convierte, pues, en el eslabón invisible entre los mitos y su representación simbólica.

Poco antes de empezar este proyecto mantuve correspondencia con el intelectual español Juan Goytisolo, quien animó la puesta en marcha de este trabajo con sus valiosos comentarios y me facilitó la oportunidad de conversar en el verano de 2004 con el profesor Francisco Márquez Villanueva. Márquez Villanueva estaba trabajando, al mismo tiempo, en su libro sobre el apogeo y decadencia de Santiago y con su admirable crítica me señaló el carácter político del fenómeno santiaguista. Un año después de leer con detalle la exhaustiva genealogía jacobea llevada a cabo por Márquez Villanueva,[4] me encontré de nuevo animado en mi investigación por la ponencia que Juan Goytisolo presentó durante el Fórum de Barcelona.[5] Goytisolo reseñaba, de una manera magistral, el proyecto de una identidad mutante caracterizada por la heterogeneidad cultural que debería volver la espalda, como oportunamente señaló, a «los encierros identitarios y a los nacionalismos ahistóricos que solo miran hacia atrás y cultivan lo privativo».

Las propuestas de Goytisolo comparten con los estudios de la antropóloga belga Christiane Stallaert[6] la preocupación por abandonar una visión utópica de convivencia multiétnica y multicultural. Ambos modelos se complementan, pues señalan asiduamente la necesidad inmediata de «encarar el futuro con realismo, desde la conciencia de que los procesos identitarios y de socialización implicados en tal convivencia se encuentran envueltos en un movimiento per-

---

(Barcelona: Crítica, 2000). Podríamos también argumentar, aunque queda fuera de este estudio, que la Segunda República Española ha llegado a convertirse en otro mito dentro de los discursos de la izquierda progresista del PSOE e Izquierda Unida.

[4]   Francisco Márquez Villanueva, *Santiago: trayectoria de un mito* (Barcelona: Bellaterra, 2004).

[5]   Juan Goytisolo, «Metáforas de la migración», Fórum de las Migraciones, Barcelona, 2004, *El País* (24 de septiembre, 2004), Opinión, p. 13.

[6]   Véase el libro de Christiane Stallaert, *Perpetuum mobile: entre la balcanización y la aldea global* (Barcelona: Anthropos Editorial, 2004).

petuo, sin fin» (4). No hay duda de que esta realidad social y política del último milenio se enfrenta tanto al discurso de la utopía multiculturalista de la izquierda monárquica —representada ésta por los infantiles discursos de alianzas entre civilizaciones, por usar las palabras del presidente Rodríguez Zapatero— como a la vergonzosa y caótica Ley de Extranjería creada, en su momento, por el aznarismo españolista. Sin embargo, lo más sorprendente de esta coyuntura es que muestra una realidad viva y mutante sobre la que debemos reflexionar, pues nos ofrece una visión alternativa del clima social creado recientemente en España, en donde la permeabilidad de los modelos tradicionales más ortodoxos permitiría evitar los peligros sociales inherentes a la marginación social del emigrante.

Partiendo de estas reflexiones, queremos enfatizar al principio de este trabajo una visión de la cultura que no es estática, que se construye y reinventa de acuerdo con las circunstancias que la forman y la rodean. Caer en la trampa del multiculturalismo tan presente en los discursos del PSOE sería caer en la misma trampa que se tiende desde las propuestas más radicales de la derecha españolista: ambas interpretaciones conforman las dos caras de la misma moneda, que marginan y cierran cualquier poro de permeabilidad llevándonos a engañosas hipótesis de choques entre civilizaciones, de fines de la historia y de la historia como fin.

No obstante, cabe advertir al lector cauteloso que todavía hay profesores españoles de gran calibre quienes, recurriendo a la nostalgia de la dictadura franquista y a la filosofía de café, se empeñan en defender la idea de una España «real» (adjetivo utilizado por Gustavo Bueno para describir a la España franquista que nos trajo el seiscientos, los pisos a plazos y la seguridad social),[7] al mismo tiempo que insultan a

> los intelectuales de izquierdas (de las izquierdas divagantes más radicales, es cierto) tales como Fernando Arrabal, Juan Goytisolo o Sánchez Ferlosio (quienes) se distinguen por mostrar en sus escritos más influyentes una aversión, aborrecimiento o desprecio hacia la «España real» [...] la inteligencia de estos intelectuales no les da para más en el momento de distinguir la España real de la España de Franco; menos aún para entender lo que la España de Franco representó en el proceso his-

---

[7] Según Gustavo Bueno, «en este intervalo (1936-1978) España se mantuvo viva, porque en ella, acabada la Guerra Civil, se dieron las transformaciones económicas y sociales que, al iniciar el estado de bienestar —Seat 600, pisos a plazos, Seguridad Social— que elevó a España al noveno lugar de los países desarrollados, hizo posible la metamorfosis de los partidos y sindicatos revolucionarios en partidos y sindicatos socialdemócratas...». Gustavo Bueno, *España no es un mito: Claves para una defensa razonada* (Madrid: Temas de Hoy, 2005), p. 59.

tórico de desarrollo de la España real [...] su erudición confusa les ofrece una coartada muy socorrida.[8]

Esta cita no merece en sí misma demasiados comentarios y espero que, por lo menos, su referencia en el texto sirva para ilustrar cómo la corriente intelectual aznarista está convencida de que su nueva cruzada consiste en destruir lo que Bueno entiende como «la España mítica de las 'tres culturas' que alimenta la nostalgia de los delirios folclóricos de tantos grupos andaluces de hoy, que 'conmemoran' aquella 'España perdida', la España de la cultura árabe y judía, la España en la que los cristianos, por cierto, tenían que pagar tributo» (127).[9]

Desafortunadamente, la deconstrucción de la etnogénesis[10] nacional-católica se enfrenta a este tipo de propaganda mediática de la ideología conservadora, que irrumpe en los medios culturales y apuesta por la manipulación de los sentimientos nacionalistas y patrióticos. Sin ir más lejos, unas semanas después de que la ponencia de Goytisolo pasara prácticamente inadvertida por los medios de comunicación, el simbolismo de la España sagrada («España real» para que nos entendamos todos) cobró una desmesurada e incomprensible relevancia informativa cuando se difundieron, por casi todos los medios de comunicación, las tesis sobre el terrorismo islámico que el ex presidente popular, José María Aznar, había presentado en la universidad estadounidense de Georgetown. Aznar pronunció un discurso, fuertemente marcado por la egolatría y la reducción fenomenológica de sus revisiones históricas, que se deslizaba muy torpemente desde la (re)construcción histórica de ocho siglos de la historia de España a la prescripción ideológica del choque entre civilizaciones. Su tesis consistía en señalar que la guerra de Irak no era un conflicto creado por la política internacional estadounidense, así como tampoco lo fueron los atentados del 11-M, sino que, en su opinión, los orígenes de estos conflictos hay

---

[8]   *Ibíd.*, p. 125
[9]   La página oficial de la Fundación Gustavo Bueno en la Universidad de Oviedo (www.fgbueno.es/gbm/gb1995di.htm) recoge las «diez propuestas desde la parte de España para el próximo milenio». La propuesta 5ª aboga por «Implantación de la eutanasia para asesinos convictos y confesos de crímenes horrendos»; mientras que la 4ª demanda la «organización de un servicio nacional obligatorio para jóvenes de ambos sexos, con funciones sociales, militares, policiales, etc. Sin posibilidad de objeciones de conciencia o de cualquier otro tipo de excepción».
[10] Por etnogénesis entendemos el proceso por el cual una etnia se construye culturalmente en un momento histórico que remite, como acertadamente señala Christiane Stallaert, «en primer lugar a una identidad colectiva basada en unos supuestos orígenes biológico-genéticos comunes, la referencia a la común ascendencia y a los mitos fundacionales aparecen como principal legitimador del grupo étnico» (Stallaert 1998: 14).

que buscarlos en los orígenes de la (re)conquista del siglo octavo, cuando los pocos cristianos arrinconados en Covadonga decidieron, según el señor Aznar, iniciar el proceso de liberación de la ocupación islámica:

> The problem Spain has with Al Qaeda and Islamic terrorism did not begin with the Iraq Crisis [...] you must go back no less than 1,300 years, to the early 8th century, when a Spain recently invaded by the Moors refused to become just another piece in the Islamic world and began a long battle to recover its identity.[11]

Para José María Aznar, la fotografía de las Azores no tardó en convertirse, junto con Covadonga, Guadalete y don Pelayo, en uno de los nuevos pilares simbólicos de la neo-reconquista occidental. Sobre este mismo tema y sobre las interpretaciones de Osama bin Laden acerca de la pérdida de al-Andalus volveremos en el último capítulo. Ahora cabe señalar que esta multiplicidad de ideas en el imaginario de la nación española pone de manifiesto la vigencia de este trabajo y sirve para subrayar la manipulación histórica de la memoria colectiva a favor de una preocupante esencia patriótica que el aznarismo, como buen heredero del franquismo, considera inmutable y ahistórica.

Por otro lado, la escasez de estudios globales sobre el apogeo y decadencia de uno de los grandes símbolos de la historia occidental nos ha llevado a emprender este estudio. Nuestra intención es establecer nuevas conexiones literarias y culturales entre la Edad Media y la postmodernidad, entre la polifonía de Santiago y la(s) idea(s) de España, entre nuestras memorias y el futuro de España como nación multiétnica, intentando presentar, en todo lo posible, una óptica de análisis alejada de las ostentosas trampas teleológicas del nacionalismo decimonónico y del discurso científico de la modernidad que, anacrónicamente, han ayudado a insertar en la cabeza de algunos intelectuales y políticos la idea espeluznante de «Una, Grande y Libre Nación Española».

Los evidentes vínculos históricos entre Santiago y la (re)conquista cristiana llevada a cabo durante la alta Edad Media tienden a obstaculizar una lectura crítica de las propuestas y transformaciones de orden sociocultural asociadas a la idea de España. Un cuidadoso estudio de las apropiaciones institucionales del apóstol Santiago nos puede proporcionar una nueva luz con la cual examinar la funcionalidad del icono jacobeo y ver así cómo éste refleja no solamente el pasado histórico, sino también el presente de la España política en la que vivimos.

---

[11]   José María Aznar, «Seven Theses on Today's Terrorism» (21 de septiembre, 2004). Online: Georgetown University <http://data.georgetown.edu/president/aznar/inaugura-laddress.html>.

A modo de ejemplo podemos señalar a la edición de *El País* del 26 de julio de 2004, en donde se publicó un artículo que (encabezado por una fotografía que no admite ningún desperdicio) reproduce con cierto tono irónico el discurso del arzobispo de Santiago contra el matrimonio homosexual:

> El arzobispo de Santiago, Juan Barrio, invocó ayer el poder de la Iglesia para emitir juicios morales sobre política, exaltó las raíces cristianas de España y defendió el matrimonio heterosexual en la homilía-respuesta a la ofrenda al apóstol Santiago del rey Juan Carlos en la catedral compostelana. El rey había repudiado la locura, el horror y el fanatismo terrorista del 11-M y pidió ayuda al apóstol para fortalecer el aliento de la Europa que acaba de estrenar nuevas fronteras.[12]

Por increíble que nos parezca en este tercer milenio, el discurso retrógrado de la Iglesia católica española hizo eco en la celebración del año jacobeo 2004 cuando curiosamente, y a pesar de toda la homofobia esparcida durante ese mismo verano por el arzobispado, se le concedió al Camino de Santiago el premio Príncipe de Asturias de la Concordia, no sin antes haber retirado puntualmente, en un acto de extrema cobardía, la escultura gambiana de Santiago Matamoros de la catedral compostelana para, según señaló el arzobispado, «no irritar al Islam» en estos momentos de tensión internacional.

Según las declaraciones oficiales que *El Correo Gallego* publicó el 30 de abril de 2004, el Cabildo «teme que la expresiva imagen (Santiago machacando moros como siempre lo ha hecho) atraiga las iras del mundo árabe en un momento de alta tensión».[13] Esta imagen del apóstol aplastando a los sarracenos infieles estaba destinada al culto jacobeo y era una de las primeras estatuas del apóstol que se encontraban los devotos peregrinos al entrar en la catedral compostelana por la Azabachería. El Cabildo decidió trasladar la estatua del matamoros al museo de la Catedral y remplazar la simbología del apóstol aplastando sarracenos por la del peregrino más tranquilo con vieira, bordón y calabaza en mano. La entrevista publicada en *El Correo Gallego* prosigue afirmando, con la buena intención de tranquilizar a los devotos al culto del apóstol matamoros, que:

> Los canónigos han decidido que el mejor lugar para el descanso de este apóstol guerrero es el museo, junto a otras valiosas obras de arte sacro que poco a poco han ido retirándose de las naves de la basílica para asegurar su conservación.[14]

---

[12] P. Carbajo y M. Posada, «El arzobispo de Santiago ataca ante el rey el matrimonio homosexual», *El País* (26 de julio, 2004), España, p. 20.
[13] C. Iglesias, «Retirado de la Catedral el Santiago Matamoros para no irritar al Islam», *El Correo Gallego* (30 de abril, 2004).
[14] *Ibíd.*

En el último capítulo volveremos sobre las implicaciones ideológicas del traslado de Santiago Matamoros al espacio museístico. Ahora no nos dejan de llamar la atención las reacciones cobardes y oportunistas del Cabildo ajustadas, de repente, a lo «políticamente correcto». Ni la historia se rectifica con conductas posteriores, ni se borra de la memoria popular. Esas cabezas musulmanas, partidas y aplastadas por el caballo de Santiago en la batalla de Clavijo, así como muchas otras cabezas que veremos a lo largo de este trabajo, no han desaparecido ni de la historia en general, ni de la historia de la Iglesia católica, ni de la historia de España. Jaime Campmany, incluso, ha acertado esta vez al señalar que «en aquella época no había nacido todavía José Luis Rodríguez Zapatero y las disputas entre ejércitos, naciones, pueblos y culturas no se resolvían con el diálogo ni con sonrisas, sino con la guerra y a sablazos».[15]

Pautas metodológicas y estructura del análisis

Cabe señalar que toda teoría científica tiene el carácter de instrumento de conocimiento. La teoría no nos proporciona el entendimiento de una realidad concreta, aunque sí nos da los medios necesarios que nos permiten llegar a conocerla de una manera rigurosa. A lo largo de los siguientes capítulos veremos, mediante aproximaciones culturalistas y fenomenológicas, que la aparente fluidez del fenómeno jacobeo desde el siglo IX hasta el discurso contemporáneo no sigue una concepción lineal, sino que se articula y modifica a través de diferentes circunstancias histórico-culturales que nos presentan imágenes y proyectos, algunas veces contradictorios (otras no), de diferentes ideas de la nación española. A la hora de plantearse una teorización de la idea de España es importante tener en cuenta un concepto fundamental en este trabajo: ni el pasado ni el presente tienen significado por sí solos, sino que ambos se retroalimentan mutuamente.

Lo primero que nos propusimos al comenzar este trabajo fue encontrar unas definiciones para los conceptos de símbolos, rituales y mitos con las que pudiésemos elaborar un método de estudio concreto que permitiera examinar la invención de la nación a través de la óptica de análisis que se articula en la misma reconfiguración del símbolo de Santiago. Es fundamental recalcar que la lectura presente en este estudio señala el carácter simbólico de Santiago (no mítico), pues el mito con todas sus características proteicas reside en la misma esencia de España, y no en la de Santiago Apóstol. En otras palabras: Santiago es el aparato simbólico a través del cual podemos leer e interpretar el «mito de

---

[15]   Jaime Campmany, «Santiago Matamoros», *ABC* (11 de mayo, 2004).

España», de la «España sagrada» de los Reyes Católicos, de la «España real» de Gustavo Bueno y de la España imaginada en los discursos conservadores del Partido Popular.

No es una tarea fácil. Desde un principio comprendimos que sería fundamental introducir la resemantización del fenómeno jacobeo desde una perspectiva actual, pero sin ignorar al mismo tiempo su propia arqueología a lo largo de la historia; o sea, era preciso entender cómo se construye la genealogía de un símbolo fundacional que absorbe lo real y a la misma vez se proyecta como algo que reside más allá de su propia representación simbólica: el mito de la España sagrada. También consideramos esencial el alejarnos, en todo lo posible, de propuestas teleológicas que pudiesen señalar hacia un historicismo de corte nacionalista capaz de recrear y cautivar a los símbolos fundacionales como fenómenos ontológicos que sobrepasan, demasiado a menudo, las coordenadas históricas.

En los albores de este trabajo cabe brevemente anticipar —pues volveremos más adelante sobre el tema— las diferentes aproximaciones teóricas al estudio de los mitos y símbolos para ver cómo este estudio se sitúa frente a ellas. Las dos corrientes principales se centran en los cauces de la fenomenología de las religiones y de la antropología estructuralista. Para el profesor rumano Mircea Eliade, máximo exponente de la fenomenología e historia de la filosofía de las religiones, el mito es aquella forma de pensamiento fundada y expresada a través de las categorías simbólicas y de los rituales. Coincidimos con Eliade en que el significado metafísico de los acontecimientos transhistóricos de una comunidad sólo puede ser puesto en evidencia mediante el estudio de los símbolos que captan, de una manera inmediata, la esencia proteica de los mitos, mientras muestran las relaciones del individuo con una realidad hegemónica creada por y para él.

Recordemos que la teoría de la recepción de la obra literaria, desde su nacimiento en la escuela alemana hasta su apogeo durante los años setenta en Francia, se originó centrándose en un análisis cultural del texto dentro del campo de la sociología de la cultura. La aplicación de esta teoría y el conocimiento adquirido por medio de ella son perfectamente compatibles con los desarrollos actuales en la teoría contemporánea de la recepción.[16] Ya señaló Williams, en su estudio *Sociología de la cultura*, que la sociología de la cultura, al igual que la producción cultural, «debe además preocuparse por el estu-

---

[16] Remito a los trabajos de René Andioc y Robert Escarpit, así como a los llevados a cabo en España por Leonardo Romero Tobar, en especial: «Tres notas sobre la aplicación del método de recepción en la historia de la literatura española», *Anuario de la sociedad española de literatura general y comparada* 2, pp. 25-32.

dio de los procesos de «"reproducción" cultural y social».[17] A la luz de estas ideas, el estudio que se presenta en este ensayo nos permitirá analizar conjuntamente el reciclaje de algunas representaciones jacobeas que el objetivismo histórico del siglo XIX llevó a cabo.

Varios estudios recientes sobre los fundamentos de la teoría literaria destacan el papel de la recepción en el funcionamiento del texto literario, señalando que la «literatura» no reside estrictamente en el texto, sino que el texto es uno de los elementos que participan, junto con la recepción y el lector implícito, en la construcción de un discurso y en la representación de una realidad que presuponen la extratextualidad como elemento imprescindible en la arquitectura del texto.[18] Por ejemplo, Siegfried Schmidt, en su definición de la teoría y práctica de la estética de la recepción afirma que «la recepción tiene lugar como un proceso creador de sentido que lleva a cabo las instrucciones lingüísticas del texto».[19] Uno de los componentes que destacan en esta teoría de la recepción es la presencia de un relativismo histórico y cultural que pretende evitar la reincisión del objetivismo histórico tan propio del siglo XIX. Pues, el objetivismo histórico, como veremos a lo largo de este estudio, brilla por la ausencia total de una reflexión sobre la propia visión histórica del texto, la cual, muy a menudo, queda reducida a la teleología nacionalista tan emblemática del siglo anterior.

Estudiaremos, pues, el símbolo como un significante lingüístico cargado de múltiples significados míticos que expresan, mediante el ritual, entre otros actos narrativos, su conciencia relacional y, por lo tanto, real, del cosmos. Podemos adelantar que las tesis de Eliade le llevan a la conclusión fenomenológica de que

> the symbol, the myth, the rite, express, on different planes [...] a complex system of coherent affirmations about the ultimate reality of things, a system that can be regarded as constituting a metaphysics.[20]

---

17 Raymond Williams, *Sociología de la Cultura*, trad. Graziella Baravalle (Barcelona: Ediciones Paidós Ibérica, 1994), p. 29.

18 Para un análisis reciente sobre de presencia del lector implícito en el texto medieval y la importancia de un acercamiento al contexto coetáneo del texto, sobre todo mediante la extratextualidad presente en los elementos relativos al ámbito de la oralidad, remito a la excelente aproximación de Lillian von der Walde Moheno, «La recepción: diversas proposiciones», en *Propuestas teórico-metodológicas para el estudio de la literatura hispánica medieval* (México, D. F., UNAM, 2003).

19 Siegfried Schmidt, «On the Foundations and the Research Strategies of a Science of Literary Communication», pp. 28-29.

20 Mircea Eliade, *The Myth of the Eternal Return,* trad. Williard R. Trask de *Mythe de l'éternel retour* (New York: Pantheon Books, 1954), pp. 3, 1-49.

En el otro campo de la teoría literaria tenemos una visión que, aunque aparentemente opuesta, ya que surge de los estudios positivistas decimonónicos, concluye en unas propuestas estructuralistas que entienden el mito como un fenómeno cultural que existe radicalmente enfrentado a la realidad social (vendría a ser algo así como lo que Gustavo Bueno entiende por «entelequia»[21]). El empirismo académico, especialmente tan radical en la antropología norteamericana así como en el historicismo alemán, se basa en la innegable individualidad del sujeto y en la imposibilidad de su subordinación a un sistema global interpretativo. Esta teoría rechaza generalizaciones y síntesis fenomenológicas culturales, para favorecer la propuesta evolucionista del individuo. Aun así, cabe señalar que para Marcel Mauss los aspectos teóricos presentes en esta teoría tienden a interceder en el campo de lo mitológico, ya que es en esa coyuntura en donde las ideas confluyen y se expresan mediante las acciones simbólicas:

> Toute culture peut être considérée une ensemble de systèmes symboliques [...] touts les systèmes visent á exprimer certains aspects de la réalité [...] et plus encore, les relations que ces deux types de realité entretiennent les uns avec les autres.[22]

Similar a las ideas de Mauss, pero con aproximaciones algo diferentes al estudio de los mitos, Claude Lévi-Strauss sugiere que las contradicciones narrativas implícitas en las estructuras de los mitos podrían ser mitigadas mediante la comprensión de un sistema de negociación socio-cultural capaz de expresar las diferentes formas y significaciones del mismo mito. Del mismo modo, Alan Jenkins también remite a los esquemas estructuralistas de Lévi-Strauss y sugiere que para entender estas propuestas es necesario considerar que

> Its basic meaning (el significado del mito) may become embodied in different forms: A myth consists of all its versions because each of these will express a com-

---

[21] Comentarios del profesor Gustavo Bueno de la palabra «entelequia» en su libro *España no es un mito*: «Si una entelequia es (como me dijo una vez un estudiante) mero caldo de cabeza, acaso el modo más expeditivo de refutar una entelequia sería agujerear la cabeza en la que se contiene, es decir, el cráneo que contiene el caldo, para dar lugar a que sus entelequias se derramen o volatilicen» (Gustavo Bueno 2005: 16). Otras definiciones de *Entelequia*: «Ser o situación perfecta, que se imagina pero no puede existir en la realidad», *Diccionario María Moliner* (Madrid: Editorial Gredos, 2000). *Entelequia*: 1º «En la filosofía de Aristóteles, fin u objetivo de una actividad que la completa y la perfecciona»; 2º «cosa irreal». *Diccionario de la Lengua Española* (22ª Ed., Madrid: Espasa-Calpe, 2005).

[22] Marcel Mauss, *Sociologie et anthropologie* (Paris: P.U.F., 1950), p. xix.

mon structurally invariant message. If this is so, than any quest for a true, earlier, or privilege variant of a myth is futile [...] on the bases of this hypothesis of a myth as a possible series of texts all realizing the same essence, Lévi-Strauss proposes that structural analysis of myth should take all of them into account.[23]

Vamos a detenernos en esta breve exposición sobre las diferentes aproximaciones académicas al estudio de los mitos y recalcar una vez más que para el propósito de este análisis nos centraremos en la capacidad narrativa del mito, capacidad que señala específicamente en nuestro trabajo a la construcción de conceptos modernos de nación, identidad y nacionalismo. Eliade nos asegura que la posibilidad de vivir la simbología del mito permite al ser humano escapar del espacio y del tiempo cronológico para situarse en un tiempo sagrado y perpetuo, primordial y recuperable al mismo tiempo, en donde la función prototípica del símbolo es revelar los modelos y propuestas ejemplares de todos los rituales humanos.[24] Esta relación de atemporalidad destacada en los estudios del profesor rumano es importante porque a través de ella podemos entender la esencia mítica de una idea de España que suele proyectarse indefinidamente en la historia universal. Eliade presenta una lógica estructural del mito en donde éste

constituye la historia de los Seres Sobrenaturales; esta historia se considera absolutamente verdadera y sagrada; que el mito se refiere siempre a una creación, cuenta cómo algo ha llegado a la existencia o cómo un comportamiento, una institución, una manera de trabajar se ha fundado [...] que al conocer el mito se conoce el origen de las cosas y, por consiguiente, se llega a dominarlas y manipularlas a voluntad; no se trata de un conocimiento exterior abstracto, sino de un conocimiento que se vive ritualmente.[25]

Reflexionando sobre estas propuestas nos damos cuenta de que vivir los mitos implica una experiencia religiosa y trascendental que necesita de un tiempo primordial, de un espacio sagrado y de los representantes simbólicos de estos aspectos. Nos interesa este análisis de la estructura del mito porque en él se pone de manifiesto la (re)construcción de uno de los mitos de España sellado por la propuesta de su eterna esencia cristiana frente a la alteridad de los infieles (bien sean éstos moros, judíos, protestantes, anarquistas, ateos, homosexuales o nacionalistas periféricos), quienes a lo largo de la historia han teni-

---

[23]   Alan Jenkins, *The Social Theory of Claude Lévi-Strauss* (New York: St. Martin's Press, 1979), p. 119.
[24]   Mircea Eliade, *Mito y realidad*, 3ª ed., trad. Luis Gil de *Aspects du mythe* (Barcelona: Editorial Labor, 1978), p. 14.
[25]   *Ibíd.* p. 25.

do el coraje de debatir y desafiar la unidad nacional-católica de este mítico sagrario de Occidente (re)creado en el espacio y en el tiempo del mito fundacional.

La flexibilidad estructural del mito de España permite la creación de diferentes fuerzas de control político que señalan al texto literario como producto de un contexto social, histórico y, sobre todo, político. Esta aproximación nos permite devolver los textos literarios que vamos a presentar a la cultura e historia que los vio florecer y al momento preciso de su producción, sin necesidad de separarlos de otros discursos sociales o políticos de la época. Es necesario estudiar el caso de la nación española desde una perspectiva crítica que nos permita examinarla como lo que en realidad es: una construcción cultural flexible y dinámica, producida y alterada por unas circunstancias socio-históricas concretas que se deben situar fuera de las abstracciones estrictamente filosóficas embarcadas en concepciones idealistas de los procesos identitarios.

En la base de la metodología propuesta en este trabajo, el materialismo cultural, como teoría propia de las especificidades de la materia cultural y literaria, nos es útil para cuestionar nociones tradicionales de cultura y hegemonía. Desde este punto de vista, la cultura, creada y negociada a través de los símbolos fundacionales, se desvela como un proceso dinámico en el que participan discursos opuestos, contradictorios y desafiantes a la hegemonía operante. Un análisis crítico de la dinámica cultural dentro del desarrollo hegemónico muestra, como bien señala Raymond Williams, que la cultura

> produce y limita, a la vez, sus propias formas de contracultura [...] sería un error descuidar la importancia de las obras y de las ideas que, aunque claramente afectadas por los límites y las presiones hegemónicas, constituyen, al menos en parte, rupturas significativas respecto de ellas y, también en parte, pueden ser neutralizadas, reducidas o incorporadas, y en lo que se refiere a sus elementos más activos se manifiestan, no obstante, independientes y originales.[26]

Estas observaciones de Williams son útiles para conectar el pensamiento político y el lenguaje literario de la Edad Media con la modernidad. A través de ellas podemos comprender la importancia de las negociaciones culturales en la creación de una idea de la comunidad y posteriormente de la nación. Toda nación se entiende con relación a un pasado, un presente y un futuro.

En la disposición de este análisis, la reconfiguración del símbolo de Santiago presenta cinco etapas fundamentales que servirán de lógica estructural en el desarrollo del estudio: A) Invención: durante el siglo IX la tradición

---

[26] Raymond Williams, *Marxismo y literatura, op. cit.*, p. 136.

católica asienta sus creencias sobre la supuesta presencia del apóstol Santiago en las tierras peninsulares a donde, asegura la tradición, fue a predicar el Evangelio. De suma importancia es la creación del Voto de Santiago durante el siglo IX, ya que con ello se institucionaliza por primera vez la intervención bélica de Santiago en la batalla de Clavijo. Debemos precisar que en esta época era sólo una elite, formada por los estamentos religiosos y nobiliarios, la que se imaginaba dentro del proyecto de unidad protonacional. Es esta misma conciencia de elite dominante la que permite construir la imagen de la comunidad en la Edad Media mediante el desarrollo de la producción iconográfica y el reciclaje de los símbolos fundacionales que más tarde llegan a formar una parte inseparable de la iconografía religiosa en la península Ibérica. En la base estructural de esta invención jacobea destaca la manipulación política implícita en la invención y descubrimiento del sepulcro apostólico. Podemos adelantar que la (re)programación política asociada a la invención del culto a Santiago es anterior a la fecha del descubrimiento por parte del obispo Teodomiro. Las previsiones, evidentemente históricas, señalan a la existencia a priori de un programa independiente de las manifestaciones religiosas relacionadas con el culto jacobeo. Presuponiendo la causalidad y no casualidad del descubrimiento por parte del obispo Teodomiro, nos acercaremos al fenómeno jacobeo desde una nueva perspectiva crítica en la que las premisas hegemónicas que emanan de la creación del Camino de Santiago no responden a una apasionada mentalidad religiosa ni a la aceptación del milagro de la *traslatio* a Iria Flavia, sino a unas metas y objetivos políticos muy concretos de subreconquista interior, tal como acertadamente señaló Américo Castro en su pionero estudio sobre la realidad histórica de España.

B) Apogeo y expansión del culto a Santiago: durante la mayor parte de la Baja Edad Media, y especialmente durante el siglo XIII, la consolidación del culto a Santiago es fundamental. La ciudad de Compostela se convirtió en el lugar más importante de peregrinación cristiana, y con ello se puso de manifiesto el proyecto de una idea de España que se incluía dentro de un marco más amplio de europeización, desarrollo e intercambio cultural. Al mismo tiempo, se establecieron semejanzas entre España y el resto de Europa, aunque paradójicamente también empezaron a definirse las diferencias. En este capítulo veremos cómo la disputa entre la liturgia mozárabe y la romana es un punto de fricción clave en el proceso de europeización hispánica y de su integración europea allende los Pirineos.

La orden monástica de Cluny fue fundada en el sur de Francia con la intención de romanizar las instituciones de la península Ibérica y sus poblaciones. Sin embargo, los discursos de resistencia no tardaron en aparecer y la defensa de la liturgia mozárabe, tan evidente en la *Crónica Najerense* (1252), se convirtió en una expresión de la identidad hispánica frente a las influencias de los franceses en la península. Esta afirmación del espíritu de unidad frente a los francos fue acompañada de una profunda xenofobia dirigida contra los cristianos de otros reinos europeos que llegaban a la península impulsados por el ideal de cruzada que lideraba Santiago frente al islam.

Durante este período de apogeo reconquistador del siglo XIII se redactan crónicas que, entre la batalla de las Navas de Tolosa (1212) y la conquista de Sevilla (1248), contienen un constante e importante elemento ideológico que gira en torno al simbolismo sacro que va acumulándose en la imagen de Santiago Matamoros. Este nuevo ideal consistía en conferir un valor trascendental a la muerte y a la patria hispana conforme la entendían los cronistas de la época. Como consecuencia, se creó un imaginario más concreto de la comunidad que intentaba mostrar a Castilla como la cabeza de una posible unificación peninsular. El destino manifiesto de lo castellano emerge con la vitalidad y legitimidad que le provee el símbolo de Santiago y termina por construirse frente a lo francés y lo musulmán como parte inseparable de la Historia Universal.

C) Exportación del símbolo jacobeo: por motivos de tiempo y espacio esta parte del estudio será meramente esbozada. A finales del siglo XV, terminada la reconquista y en una época en la que las fronteras están más definidas, la imagen de Santiago se exporta al Nuevo Mundo como extensión de un discurso medieval que ha desaparecido de la península, pero que intenta mantener a toda costa el ideal de la cruzada cristiana en los nuevos territorios. La mentalidad de la Conquista se reviste de una exaltación manipuladora del cristianismo en la que el Otro, en este caso el amerindio —como anteriormente lo fue el moro— constituye el reflejo invertido de la auto-imagen cristiana. Los defectos del infiel y del hereje son las contrapartidas perfectas de las virtudes cristianas que justifican y animan las masacres cometidas contra los sarracenos y los amerindios. Este espíritu está presente en casi todas las representaciones de Santiago Mataindios en el arte eclesiástico novo-hispano durante el Renacimiento y el Barroco. En ellas, la imagen favorita es la destrucción total del enemigo, lo que lleva a la embriaguez producida por el derramamiento de sangre infiel, con las cabezas cortadas rodando bajo los pies del caballo blanco de Santiago. Veremos cómo estos símbolos de destrucción, canalizados por los vencidos amerindios, sirvieron para forjar la imaginación de otros creadores de fronteras, primero mestizos y después criollos, quienes supieron instrumentalizar los símbolos cristianos y las leyendas piadosas mediante un proceso de reciclaje y resemantización.

La construcción de Santiago como santo de frontera es sumamente compleja y contradictoria, ya que en él se dan dos conceptos opuestos pero complementarios al mismo tiempo: «el santo guerrero». La frontera militar en la Edad Media puede anteceder a la frontera religiosa, y hasta condicionarla. Sin embargo, la frontera ideológica en el Nuevo Mundo va más allá de la frontera militar y política impuesta por la Conquista, convirtiéndose en una expansión cultural del Medioevo que marca los límites entre dos discursos y dos cosmogonías opuestas. La presencia del culto jacobeo en América permitió al conquistador enfrentarse a una realidad nueva y reducirla a categorías comprensibles: Mataindios fue real en América porque Matamoros lo había sido anteriormente en España. La recreación del símbolo de Santiago en el Nuevo Mundo fue una manera de defenderse ante la inmensidad del territorio americano, que el sujeto medieval tenía que incluir e integrar en sus propios discursos cosmogónicos con referencias al pasado y a su futuro providencialista.

La presencia del apóstol Santiago se sistematiza en el Nuevo Mundo para legitimar diferentes fronteras discursivas, desplazando estas últimas y negociando identidades culturales en la medida que se van controlando los espacios geográficos y sus realidades físicas. El símbolo de Santiago fluctuó conforme avanzó la colonización del continente americano, convirtiendo la Conquista del Nuevo Mundo en una extensión de la reconquista peninsular: primero, por su capacidad guerrera para conquistar el territorio; segundo, por su potencial sagrado capaz de legitimar la ocupación del continente; por último, y a través de la hierofanía del fenómeno santiaguista, se reinterpretó una imagen de Santiago capaz de expresar una identidad primero mestiza y más tarde criolla. Son espejismos, no hay duda, pero en última instancia produjeron discursos instrumentalizados al servicio de una agenda política procedente de la mente medieval.

D) Decadencia de Santiago: el desgastado apóstol de Cristo reflejaba los mismos síntomas de debilidad que Castilla (ahora sinónimo de España) sufrió durante la segunda mitad del siglo XVII. Empezaron a aparecer dudas sobre la autenticidad de la creencia, e incluso se propuso la anulación del Voto de Santiago en la chancillería de Valladolid. Hubo historiadores que comenzaron a negar su autenticidad y algunas órdenes religiosas se alzaron en contra de Santiago, tratando de destronarle del patronazgo de las Españas antiguamente sancionado por Fernando II, rey de Castilla y León. El símbolo de Santiago entró en una crisis total cuando, durante la primera mitad del siglo XVII, el santo apóstol dejó de ser el único patrón de España y tuvo que compartir el trono con santa Teresa de Ávila. Santiago había perdido impulso político y a favor de santa Teresa se sumaban la contemporaneidad histórica, el apoyo por parte de los carmelitas descalzos y la política del conde-duque de Olivares.

En un tiempo en el que la decadencia de España era más que evidente, muchos sentían que Santiago no había sido un buen intercesor ante la divina providencia. Este período es sumamente interesante porque nos encontramos con una nación emergente, pero claramente dividida para elegir a su representante simbólico ante Dios y el mundo. Esta división induce a una lectura más profunda sobre la crisis de identidad que sufría el imperio español en aquella época. La controversia sobre el patronazgo de España debe entenderse como un síntoma de problemas más recónditos, que afectaron en ese momento a la estabilidad del mito de España creado por los Reyes Católicos. Santiago Apóstol, que en siglos anteriores ofreció unidad y cohesión ideológica, consolidando valores y creencias establecidas, empezó a mostrar fuertes síntomas de agonía, justo cuando las derrotas militares de la Armada Invencible marcaban el fin de la hegemonía castellana en Europa.

E) Regeneración del símbolo de Santiago: por último, este trabajo estará enfocado a abrir un diálogo y establecer un puente de continuidad entre la Edad Media y el discurso nacional-católico que emerge en el siglo XIX y se desarrolla de nuevo en el siglo XX. La historia medieval de España articula un dispositivo interpretativo sobre el cual se ha elaborado la proyección de una unidad nacional-católica, basada en la hegemonía de la identidad castellana. Más cerca de nosotros, en este período tan agitado y fecundo como es el de la Segunda República y el de la Guerra Civil, es interesante observar las fobias históricas de una España anclada en la esencia de su pasado medieval.

En un contexto en el que la necesidad inmediata se basaba en recuperar los valores neogóticos del mito de la «España sagrada», Santiago volvió a cobrar vitalismo en la última cruzada llevada a cabo durante la Guerra Civil española de 1936. En 1937 el papa Pío XII firmó una encíclica expresamente anticomunista apoyando al alzamiento nacionalista de los rebeldes en España. En ella, el papa asegura que las atrocidades comunistas en España emergen de un sistema sin freno que arranca a los hombres de la idea de Dios como unidad de la nación. Es posible que estas declaraciones papales calasen tan hondo en el pensamiento de Francisco Franco que éste llegara a crear en su mente, con carácter definitivo, la idea de cruzada como fuerza de conjunto entre las armas y la fe. Franco, al asumir esta posición ideológica, se vio obligado a explorar en el pasado de la historia española en busca de una justificación para el alzamiento nacionalista. La encontró en el símbolo jacobeo.

La idea de la nación

Sisinio Pérez Garzón, al principio de su celebre ensayo *La gestión de la memoria,* argumenta que la cultura medieval, junto con sus idiosincrasias políticas, fueron fatalmente consumidas por el nacionalismo de los siglos XIX y XX en un proceso que el crítico oportunamente define como «la nacionalización del pasado». Esta propuesta de Pérez Garzón se hace eco de las teorías de Bernard Lewis sobre la memoria, la recuperación y la invención de la historia[27] cuando nos advierte que la elección de tópicos que se incluyen en la gestión de la memoria no es en absoluto autónoma de la construcción de una identidad social al servicio de los intereses hegemónicos, puesto que dicha construcción cultural apela colectivamente a todos los individuos que se reconocen y afirman en el discurso ideológico. Tampoco es una coincidencia que los argumentos elaborados en *La gestión de la memoria* nos recuerden la historiografía francesa de Pierre Nora y los trabajos anglosajones de Steven Englund, pues los tres nos sugieren, cada cual a su manera, que la necesidad de un recuerdo es equivalente a la necesidad de una historia.[28]

El proceso de nacionalización de símbolos religiosos, como acertadamente señalan la mayoría de los críticos e historiadores, es problemático. Precisamente porque el nacionalismo moderno surgió del racionalismo y liberalismo de la Ilustración, no siendo hasta muy reciente que el *ancien régime* de la Iglesia católica, extremadamente opuesta a los nacionalismos decimonónicos, impulsó la nacionalización de símbolos religiosos. Recientemente han aparecido una serie de estudios monográficos sobre el tema del nacionalismo español, la mayoría de ellos inspirados en las propuestas de Pérez Garzón y Álvarez Junco. Entre ellos podemos destacar el volumen editado por Mar-Molinero y Ángel Smith, *Nationalism and the Nations in the Iberian Peninsula*, en él se examinan, a lo largo de una amplia base interdisciplinaria, las raíces del nacionalismo en la península Ibérica y los conflictos y tensiones que han tomado protagonismo en los últimos tiempos.

En las teorías marxistas de Ernest Gellner y Eric Hobsbawm la nación emerge de los procesos de modernización económica.[29] Sin embargo, y pese a estas teorías de que el nacionalismo crea a las naciones, y no a la inversa, se ve

---

[27] Remitimos al ensayo de Bernard Lewis, *History Remembered, Recovered, Invented* (New Jersey: Princeton University Press, 1975). Lewis analiza los usos y abusos de la historia y la divide en tres ramas fundamentales: la historia «recordada» (memoria colectiva), el material histórico conscientemente excluido de la memoria pero más tarde «recuperado», y la historia «inventada» con el fin de corregir o desplazar material histórico inaceptable.

[28] Véase, Pierre Nora, *Les lieux de la mémoire* (Paris: Gallimar, 1984-1993) y Steven Englund «The Ghost of Nation Past», *Journal of Modern History* 64, 2 (1992): 299-320.

[29] Eric Hobsbawm, *Naciones y nacionalismos desde 1780*, 2ª ed. Trad. Jordi Beltrán de *Nation and Nationalism since 1780: Programme, Myth, Reality* (Barcelona: Ediciones Crítica, 2004). Ernest Gellner, *Nationalism* (New York: New York University Press, 1997).

una preocupación incipiente ante la idea de que la nación es, en última instancia, un texto narrado y una realidad construida mediante la (re)invención de las tradiciones.[30] El nacionalismo no sólo está supeditado a una existencia previa del Estado, definido éste como aquel agente político que detenta el monopolio de la violencia legítima dentro de una sociedad, sino que también emerge en situaciones en las que el Estado está plenamente consolidado. Gellner señala que una de las condiciones necesarias del nacionalismo es «la existencia de unidades políticamente centralizadas y de un entorno político-moral en el que tales unidades se den por sentadas y se consideren norma».[31] Otras teorías postmodernas, como las de Benedict Anderson, ponen más énfasis en la construcción cultural de la nación.[32] Sin embargo, tampoco hay nada nuevo en el pensamiento de que las naciones son comunidades imaginadas, ya que estos imaginarios dependen del proceso de modernización social y económica disponible en un determinado momento histórico. Quizá, la pregunta central para la comprensión del nacionalismo como ideología es el papel del pasado en la invención del presente. Ésta es, sin duda, el área en donde se han dado las mayores divisiones entre los teóricos del nacionalismo.

En el caso particular de la nación española, muchas veces evitado a propósito en el estudio de los nacionalismos europeos, la influencia del pasado es quizá más tangible y la podemos observar en el establecimiento de modelos nacional-católicos concretos que se expresan mediante el simbolismo de los componentes clave del nacionalismo español: santos, lengua, religión, etnia, aparatos ideológicos del Estado, etc. El nacimiento de las naciones debe, entonces, situarse en este contexto de interacción y condiciones modernas específicas, configuradas por los procesos de modernidad, pero siempre amoldadas por las experiencias pasadas, la herencia cultural y las proyecciones futuras. En cualquier caso, y como tal creación cultural de los Estados, las naciones son artefactos simbólicos inventados con el fin de interpelar al individuo mediante espejos de auto-reconocimiento en los que el sujeto se identifica con los valores que representan a la comunidad en conjunto. Louis Althusser ha señalado magistralmente que la ideología solo existe para el sujeto, lo cual es la categoría constitutiva de toda ideología, ya que refleja las rela-

---

[30] «El nacionalismo engendra las naciones, no a la inversa. No puede negarse que aprovecha, si bien de forma muy selectiva, y a menudo transformándola radicalmente, la multiplicidad de culturas o riquezas culturales preexistentes, heredada históricamente». Ernest Gellner, *Naciones y nacionalismos,* trad. Javier Setó de *Nations and Nationalism* (Madrid: Alianza Editorial, 1994), p. 80.
[31] *Ibíd.*, p. 17.
[32] Benedict Anderson, *Imagined Communities: Reflections on the Origin and Spread of Nationalism* (London: Verso, 1991).

ciones sociales del sujeto con su realidad a través de actos materiales «insertos en prácticas materiales, reguladas por rituales materiales definidos, a su vez, por el aparato ideológico material del que proceden las ideas de ese sujeto».[33]

La naturaleza de este ensayo nos obliga a reunir los estudios más importantes que se han presentado sobre el tema de la nación para definir nuestras aportaciones y ver cómo este trabajo se sitúa frente a ellos. Después de una larga serie de lecturas sobre naciones y nacionalismo, nos dimos cuenta de que teníamos que anclar unas definiciones para vocablos tan problemáticos como «nación» y «nacionalismo», y de que la definición debía servir de punto de partida e hilo conductor entre la Edad Media y el discurso nacionalista contemporáneo. Incluso, más avanzada la investigación, comprobamos la necesidad de dar una definición para el siempre problemático vocablo «España».

Con el uso frecuente de estas palabras las hemos ido dotando de un falso contenido, olvidando sus transformaciones semánticas a lo largo de la historia y creando una óptica teleológica de la nación actual. Para empezar, tenemos el problema de la falta de definiciones conceptuales y de vocabulario específico para trabajar el tema de la nación en la Edad Media. Los adjetivos que definen el «sentimiento nacionalista» o el «sujeto nacional» proceden de la adjetivación de la palabra «nación» y se usan para expresar ideas y conceptos modernos. Si entendemos que lo más próximo a la nación en la Edad Media es la idea de «reino», entonces nos falta un adjetivo equivalente a nacional o nacionalista, o incluso puede ser que nos falte el concepto mismo. En las mismas líneas de análisis se ubica la tesis de Patrick Geary cuando señala:

The real history of the nations that populated Europe in the early Middle Ages begins not in the sixth century but in the eighteenth [...] the past two centuries of intellectual activity and political confrontation have so utterly changed the way we think about social and political groups that we can not pretend to provide an objective view of early medieval social categories, unencumbered by this recent past.[34]

Geary se aproxima a esta lectura de la Edad Media en la literatura anglosajona, criticando los procesos historiográficos que durante la Ilustración y parte del siglo XIX vinieron a crear el nacionalismo étnico en Europa. El crítico inglés examina y cuestiona un modelo geográfico que todavía persiste en la academia y en el cual se busca una coherencia entre territorio, regiones y la presencia de diferentes grupos étnicos. Sus propuestas son también aplicables

---

[33]   Louis Althusser, *Ideología y aparatos ideológicos de Estado,* trad. Alberto J. Pla de *Idéologie et appareils idéologiques d'État* (Buenos Aires: Nueva Visión, 1984), p. 62.

[34]   Patrick J. Geary, *The Myth of Nations: The Medieval Origins of Europe* (New Jersey Princeton: Princeton University Press, 2002), p. 15.

al caso de España en cuanto que nos facilitan un imaginario alternativo de la protonación que no corresponde a una geografía decimonónica, sino a una representación económica, política y cultural propia del Medioevo.

El sentimiento protonacionalista del cual germina la idea de la nación española durante el siglo XIX es «real» en tanto que funciona como agente histórico en las metanarrativas científicas de la modernidad, legitimando el mismo debate que se plantea sobre su propia existencia o representación histórica. El nacionalismo es precisamente un mecanismo de identidad conjunto que sirve para vincular lo individual a lo colectivo, tendiendo un puente entre el pasado y el presente, entre la modernidad y la postmodernidad, entre lo universal y lo particular. Para algunos teóricos postmodernos de la nación, el pasado medieval está idealizado, mitificado, homogeneizado y ubicado en una etapa anterior a la modernidad como un período prenacionalista que sirve de punto de partida, y muchas veces de justificación, para el estudio del nacionalismo moderno.[35]

Para entender esta retroalimentación identitaria es importante comprender cómo funciona el nacionalismo en su nivel ideológico, dentro y fuera del marco institucional. Gellner, quien entiende el fenómeno de la nación como el resultado de la transición del feudalismo a la modernidad, parece tener las definiciones apropiadas cuando cuestiona las diferencias entre cómo se entiende el nacionalismo a sí mismo y cómo es en realidad:

Nationalism does indeed see itself as universal, perennial and inherently [...] it is barely a theory because it treats the principle as something inherent in humane nature on the very principles of social organization, so obvious as not really to require any explanation [...] this theory is dangerous not nearly because it is false, more significantly, because the self-evident status which it ascribes to itself, and which indeed attaches to it, makes those who hold it fail to see that they are holding a theory at all.[36]

De acuerdo con Gellner, podemos darnos cuenta de que el nacionalismo está vigorosamente anclado a los procesos de modernidad, a la misma vez que se muestra paradójicamente como algo ontológicamente invariable, que ha estado desde tiempos remotos presente en la esencia de las comunidades. Gellner señala que el vocablo *awakening* («el despertar») es uno de los prefe-

---

[35] Sobre esta tendencia a homogenizar el período medieval como algo estático véase el artículo de David Ears, «Rewriting the Middle Ages», *The Journal for Medieval and Renaissance Studies* 18, 2 (1988): 221-240: «Rewriting the Middle Ages must take note of the historical research of the last fifty years which has shown the model of a uniform, homogeneous, static medieval culture and society to be untenable» (226).

[36] Ernest Gellner, *Nationalism, op. cit.*, p. 7.

ridos por los ideólogos del nacionalismo moderno y concluye, de forma iróni-
ca, que «las naciones están ahí, como lo más natural del mundo, y que tan solo
están aguardando a que llegue el príncipe azul nacionalista que las arranque de
su triste letargo».[37] Otro aspecto importante que se destaca en los estudios de
Gellner es que la aproximación y el contacto de un grupo étnico con otras culturas más desarrolladas, especialmente culturas alfabetizadas, promueve la
rearticulación de una variante de alguna religión mundial y permite a estos grupos étnicos adquirir cualidades que más adelante pueden ayudarles a convertirse en naciones y estructurarse como tal.[38]

Las propuestas de José Antonio Maravall también nos pueden ayudar a
entender, más específicamente en el caso de la nación española, los mecanismos ideológicos y los procesos de construcción de identidad que asocian un
pasado remoto con la proyección que de la nación se hace. Maravall señala
magistralmente que se trata de indagar en la visión que del curso de la historia
humana tenía una sociedad para «encontrar la imagen de cómo un grupo social
se concibe a sí mismo».[39] Toda idea de la nación es el resultado de un proceso
histórico complejo y acumulativo, en el que no solo cuenta la realidad de la
propia nacionalidad en formación, sino también la de las comunidades o los
imaginarios de otras comunidades con las que ella se relaciona o se enfrenta en
un determinado momento de la historia. A lo largo de nuestro argumento veremos que hay dos maneras de entender la identidad, tanto individual como
colectiva: como una esencia o como una construcción. Lo singular del nacionalismo español es que ambos modelos se retroalimentan para puntualizar en
su correspondiente idea de España.

En la literatura, Joaquín Costa, Ortega y Gasset, Unamuno, Blasco Ibáñez
y muchos otros intelectuales de la generación del 98 necesitaron de la «esencia» de un pasado histórico para representar la idea del «espíritu del pueblo»,
del «carácter nacional», y despertar así lo que llegaron a denominar como «el
auténtico sentimiento nacional». Empero, la mayoría de los teóricos de la
nación española se dan cuenta de que la literatura es imprescindible para conocer el «carácter nacional» y, como acertadamente menciona Inman Fox en su
pionero libro sobre *La invención de España*, «la historia literaria *(llevada a
cabo durante el S. XIX y encargada de reconstruir el pasado medieval)* no era
sino parte de un proyecto historiográfico sobre la civilización con la tendencia

---

[37]   Ernest Gellner, *Naciones y nacionalismos*, trad. Javier Setó de *Nations and Nationalism*
       (Madrid: Alianza Editorial, 1994), p. 69.
[38]   *Ibíd.*
[39]   José Antonio Maravall, *Antiguos y modernos: visión de la historia e idea de progreso
       hasta el Renacimiento* (Madrid: Alianza Editorial, 1998), p. 20.

a indagar en los orígenes hispanos para encontrar soluciones a los problemas nacionales».[40] Fox, en su aproximación a las bases del nacionalismo liberal como fundamento de la identidad moderna en el siglo XIX, argumenta sobre las ideas que llegaron a formar una identidad nacional y que sirvieron para apoyar una política de índole liberal mediante la cual, según el crítico literario, se propagó un nacionalismo de carácter cultural, acentuando rasgos más emotivos y comprometidos como instrumentos al servicio de la vida política, entre los que se destaca una historiografía neogótica partidaria de la continuidad histórica-nacional de origen castellano.[41]

Una vez presentadas brevemente estas diferentes maneras de entender la nación, la metodología de este trabajo va a consistir en estudiar la función del símbolo de Santiago y de los rituales asociados al fenómeno jacobeo que fundaron las bases en la construcción de sentimientos patrióticos durante la invención de una tradición española. Esta tradición, muy ligada al catolicismo genético y a un presupuesto ascendente godo, sirvió para crear el imaginario mítico y sagrado de la nación española. En este estudio tendremos también en cuenta los comentarios de Max Weber, cuando acertadamente señala que la nación

> may be linked with differences in the other great cultural value of the masses, namely a religious creed [...] solidarity may be connected with differing social structure and more hence with ethnic elements [...] yet, above all, national solidarity may be linked to memories of a common political destiny.[42]

El nacionalismo en este caso se entiende como un desarrollo de la escala de valores que une lo individual con lo colectivo, lo social con el Estado y el presente con el pasado, pero no necesariamente como consecuencia de un cambio en los procesos de desarrollo económico, sino más bien como un entramado ideológico que funciona herméticamente dentro de un sistema de valores sociales compartidos y proyectados en el pasado inmemorable, creando una unión entre grupos sociales que en otras circunstancias no tendrían nada en común.

El proceso de construcción de los símbolos religiosos, capaz de crear una unidad supranacional, se sistematizó en la Edad Media a causa de una necesidad de supervivencia cultural creada por la invasión islámica. En este contacto entre culturas podemos darnos cuenta de cómo funcionaron los préstamos culturales y el canibalismo ideológico entre las tres castas que convivieron

---

[40] Inman Fox, *La invención de España: nacionalismo liberal e identidad nacional* (Madrid: Ediciones Cátedra,1997), p. 13.

[41] *Ibíd.*, p. 22.

[42] Max Weber, «The Nation», *Nationalism*, eds. John Hutchinson and Anthony Smith (Oxford: Oxford University Press, 1994), p. 22.

(aunque la mayoría de las épocas malvivieron) en la península Ibérica durante el Medioevo: es de la casta judía precisamente de donde se adopta el concepto de limpieza de sangre; a la misma vez que se imita el mito guerrero de Alí y el concepto de guerra santa que tenía la casta musulmana.

El estudio del símbolo de Santiago nos ayuda a entender la fusión entre etnia, religión y lengua dentro de una tradición protonacionalista que se profiere en la imposición hegemónica de lo castellano frente a la alteridad de lo no castellano, y en donde los sentimientos de pertenencia a una comunidad religiosa fueron una realidad palpable durante el Medioevo. Eric Hobsbawm, en su aproximación de corte marxista a los nacionalismos decimonónicos, dedica un capítulo a la función de los iconos sagrados. Para el historiador inglés, y aunque la religión él no la ve como un componente importante de la protonacionalidad, los iconos santos (*holy icons*), en cambio sí lo son:

> Un componente importantísimo de ella, como lo son del nacionalismo moderno. Representan los símbolos y los rituales o prácticas colectivas comunes que por sí solas dan una realidad palpable a una comunidad por lo demás imaginada [...] Pueden ser imágenes nombradas que se identifican con territorios suficientemente extensos para construir una nación, como los casos de la Virgen de Guadalupe en México y la Virgen de Montserrat en Cataluña.[43]

Las tesis de Hobsbawm en su segunda edición señalan al fenómeno de la «invención de tradiciones» las cuales, según el crítico, recrean un imaginario del pasado, real o inventado, a la misma vez que se articulan como «respuestas a nuevas situaciones que toman la forma de referencia a viejas situaciones y que imponen su propio pasado por medio de una repetición casi obligatoria».[44] La invención de la tradición a la cual se refiere el crítico impone ciertas prácticas culturales llevadas a cabo mediante la celebración de los rituales —i. e. litúrgicos, de peregrinaje, jubileo, etc—. Habría que añadir que este «pasado», al cual remite constantemente la invención de las tradiciones, es mayoritariamente accesible por medio del legado histórico-iconográfico.

La esencia mítica de la identidad nacional es especialmente obvia cuando la invención de la historia se convierte en parte de los cimientos de la ideología de una nación moderna y la nación se articula como una realidad que aparentemente antecede al nacionalismo. Esta paradoja es subrayada por Hobsbawm cuando advierte que las naciones modernas reclaman inconscien-

---

[43] Eric Hobsbawm, *Naciones y nacionalismo desde 1780,* 2ª ed., trad. Jordi Beltrán de *Nations and Nationalism Since 1780: Programme, Myth, Reality* (Barcelona: Editorial Crítica, 2004), p. 80.
[44] Eric Hobsbawm, *La invención de la tradición, op. cit.,* p. 8.

temente ser todo lo contrario de su «auto-proclamada novedad» en el momento en que buscan ser «comunidades humanas tan naturales que no necesiten más definiciones que la propia afirmación».[45] Aun así, podemos decir que la invención de las tradiciones no sería posible si no existiese un substrato cultural, étnico o tribal que lo legitimara.[46] No cabe la menor duda de que el sentimiento nacional se puede encauzar y de que la posibilidad de llevarlo a cabo depende de la manipulación oportuna de símbolos y artefactos culturales que, en muchos casos, se remontan a épocas medievales. Sin embargo, un Estado de derecho no puede manifestar el poder hegemónico dentro de su comunidad a no ser que recurra, junto a la coerción legítima y la invención de la tradición, a expresiones simbólicas. Tampoco ninguna organización social, y menos en la categoría de «reino» durante la Edad Media, podía concretar su abstracción y visualizarse sino a través de símbolos.

Los símbolos nacionales creados en la Edad Media siguen todavía actuando por su marcado carácter ideológico como agentes reales investidos de unos grandes pesos emocionales y sobrecargados de memoria colectiva. Santiago Matamoros, don Pelayo, Guadalete, Covadonga, los Reyes Católicos, etc., son símbolos que contribuyen a proyectar en el futuro la identidad nacional de un pasado y a consolidar el imaginario del Estado que los ha creado en un tiempo sagrado, se mantienen vivos en la realidad del presente y se proyectan indefinidamente hacia el futuro. Lo curioso de estas construcciones identitarias y relaciones simbólicas es que funcionan en un alto nivel ideológico: la mayoría de los ciudadanos son conscientes de que estos símbolos tienen una historia que los legitima, la cual puede estar más o menos olvidada, e incluso ser totalmente desconocida por ellos. Pero, en cualquier caso, todos los ciudadanos se imaginan que existe una historia compartida que legitima su identidad, y que ésta se encuentra disponible en cualquier momento dado en caso de que sea necesario.

La historicidad del texto y la textualidad de la historia

El nuevo historicismo presente en los trabajos de Louis Montrose señala, casi polémicamente, a la «historicidad» del texto y a la «textualidad» de la historia.[47]

---

[45] *Ibíd.*, p. 21.
[46] Sobre los substratos étnicos de la nación y la «etnohistoria» véase *Nationalism*, eds. John Hutchinson y Anthony D. Smith (Oxford: Oxford University Press, 1994).
[47] Luis Montrose, «New Historicism», *Redrawing the Boundaries: The Transformation of English and American Literary Studies*, eds. Stephen Greenblatt and Giles Gunn (New York: M.L.A., 1992): 392-418.

Según el crítico anglosajón, cualquier texto literario es parte inseparable de un contexto sociocultural del que no podemos divorciarlo; del mismo modo que cualquier interpretación analítica del pasado debe llevarse a cabo mediante el estudio y la exégesis de aquellos textos producidos en su momento histórico y contexto social y cultural. A lo largo de este trabajo tendremos muy en cuenta las propuestas de Montrose y veremos cómo las fuentes primarias que forman el corpus literario que presentamos están relacionadas con lo que hoy en día se denomina la «invención de España». Sin embargo, cabe recordar que estos textos no solamente fueron el producto de sus circunstancias sociopolíticas específicas, sino que también contribuyeron a crearlas como agentes activos de la cultura a la que pertenecían.

En el momento de precisar las implicaciones ideológicas del texto y de la iconografía medieval debemos puntualizar que durante la Edad Media los procesos de identificación de los individuos con las esferas de poder estaban mediatizados por las instituciones feudales y por las estructuras sociales de la época —i. e., el clero, los estamentos sociales, la dependencia de vasallaje, las diferentes representaciones del cuerpo social del rey, etc.—. El individuo medieval se percibía a sí mismo, y se representaba frente a la comunidad, como parte de un estamento social en concreto. Sería pues un anacronismo intentar entenderlo a través de una identificación directa del sujeto medieval con las esferas de poder.

Partiendo de esta premisa, una serie de problemas se nos plantean a la hora de definir la relación del individuo medieval con las esferas de poder en la Edad Media, o mejor dicho, con las manifestaciones de orden simbólico que representan el poder hegemónico y en las que queda de manifiesto el modelo de autoridad descrita. Mientras que en el estudio de la ideología contemporánea Louis Althusser señala que «la ideología solo existe por el sujeto y para los sujetos; o sea, que solo existe ideología para los sujetos concretos y este destino de la ideología es posible solamente para el sujeto: es decir por la categoría del sujeto y su funcionamiento»,[48] también podríamos, sin embargo, sugerir que los individuos medievales podían ser interpelados como pseudos-sujetos en tanto que se asumía su pertenencia a un cuerpo social que sí que podía ser interpelado como un estamento en concreto, definido por su propia idiosincrasia social, cultural o económica.

Señalando las limitaciones históricas impuestas por el propio uso del concepto de la ideología, pero al mismo tiempo teniendo en cuenta, como acertadamente señala Althusser, que todo discurso de interpretación del pasado es ideológico por naturaleza, podemos analizar la función del discurso medieval

---

[48]   Louis Althusser, *Ideología y aparatos ideológicos del Estado, op. cit.*, p. 64.

en la construcción y representación de un sistema de valores sociales compartidos que, aunque de una forma más compleja que precede a las nociones contemporáneas de ideología, definitivamente refleja los intereses de la clase dominante y de la cultura hegemónica de este período histórico.[49] La tesis de Montrose parece situarse en las mismas coordenadas interpretativas cuando acertadamente señala que

> representations of the world in written discourse participate in the construction of the world: They are engaged in shaping the modalities of social reality and in accommodating their writers, performers, readers, and audiences to multiple and shifting subject's positions within the world that they both constitute and inhabit.[50]

Esta retroalimentación destacada por Montrose fue llevada a cabo entre la representación y la participación en el discurso, demostrando la función del texto literario como agente activo de la historia en la construcción de un consenso hegemónico. A partir de estos presupuestos podemos señalar que la noción de hegemonía es más inclusiva que la de ideología, puesto que pone más énfasis en establecer un consenso destacando la participación de los grupos subalternos de su propia época histórica, como lo fueron durante el Medioevo la casta musulmana y la judía. La complejidad de una cultura, señala Raymond Williams, debe hallarse en las interrelaciones dinámicas, en cada parte del proceso donde se ponen de manifiesto ciertos elementos variables e históricamente variados.[51] Los elementos activos en el proceso hegemónico señalados por Williams, «lo dominante, lo residual y lo emergente», juegan un papel importantísimo en la negociación cultural de los símbolos del Medioevo hispánico que, en sí mismos, expresan este ajuste por medio de la resemantización de Santiago Apóstol. Williams nos advierte de que

> siempre existe otra conciencia y otro ser social que es negado y excluido: las percepciones alternativas de los demás dentro de las relaciones inmediatas [...] lo que

---

[49] Louis Althusser hace hincapié en la distinción entre «una teoría de la ideología en general» determinada por la ahistoricidad en el sentido de que está dotada de una estructura y un funcionamiento tales que «la constituyen en una realidad no-histórica, es decir omnihistórica», y aquellas «teorías de las ideologías particulares» que siempre expresan «posiciones de clase y la presencia de la lucha de clases». Una teoría de las ideologías se basa, en última instancia, en la historia de las formaciones sociales definidas bajo la doble relación entre lo particular y lo histórico-social, y está presente en lo que se llama «historia toda en el sentido en que el *Manifiesto* define la historia como la historia de las sociedades de clase». *Ibíd.*, pp. 49-51.

[50] Louis Montrose, «New Historicism», *op. cit.*, p. 396.

[51] Raymond Williams, *Marxismo y literatura, op. cit.*, p. 149.

realmente importa en relación con la comprensión de la cultura emergente, como algo distinto de lo dominante así como de lo residual, es que nunca es solamente una cuestión de práctica inmediata; en realidad depende fundamentalmente del descubrimiento de nuevas formas o de adaptaciones de forma.

Teniendo en cuenta esta negociación de carácter hegemónico entre el sistema de autoridad y la participación discursiva, vamos a ver cómo se rearticulan los conceptos de identidad en el Medioevo a partir de un deseo de pertenencia a una unidad suprema que se muestra voluble y se reformula históricamente en tanto que transcribe el imaginario de una unidad sociocultural en constante dinamismo —i. e., la necesidad de recuperar la herencia goda, una nueva articulación de identidad a través de la casta cristiana en el reino de León, la utopía de Castilla y, por último, la «invención de España»—.

La evocación de sentimientos patrióticos se reformula históricamente en los textos literarios, conservando algunos elementos icónicos que, poco a poco, van a consolidarse en un concepto militar y cristiano del que emerge el símbolo unitario de Santiago de España, y con él la institucionalización de la violencia, sacralizada y legitimada por el carácter apocalíptico de los iconos operantes —el falso profeta, el milenarismo, el Apocalipsis y el carácter escatológico de las apariciones de Santiago—.

Dentro de la dialéctica que se establece entre el texto y el contexto histórico, se pone en evidencia la necesidad explícita de reconfigurar semánticamente el símbolo de Santiago. Sin embargo, también existe otra visión sincrónica señalada por el nuevo historicismo y en la cual el análisis de diferentes textos literarios de una misma época nos presenta diferentes visiones de la cultura, en las que no hay una sola historia, sino varias historias coetáneas. En este sentido, las propuestas de Williams nos ayudan, una vez más, a entender la noción clásica de hegemonía en cuanto que ésta se articula en el funcionamiento de la vida social, destacando el consenso del que participan los otros grupos subalternos en la península Ibérica.

La idea de una metanarrativa que participa de una única historia y de una cultura uniforme es un mito impuesto y articulado por el interés de un grupo dominante. La relación entre historia(s) y literatura, y sobre todo la controversia que emana de esta relación, es una premisa central en este trabajo. De especial importancia es la constante dependencia de co-legitimidad que se establece entre la potestad del monarca y la resemantización del símbolo sacro del apóstol Santiago, relación que se muestra a raíz de los diversos cambios dinásticos en el proyecto de España. Estos cambios van desde el principado de Asturias a la casa de Trastámara, pasando por la idea del reino de León, la unión de León-Castilla y la casa de Borgoña. Las apariciones de Santiago actúan sobre la base misma de la consolidación del culto jacobeo en tanto que refuerzan simultáneamente la hegemonía operante y la potestad del monarca. El fenómeno no es exclusivo del caso jacobeo. Manuel Díaz y Díaz ha señalado que un santo que hace muchos y variados milagros pone en evidencia que «Dios los ha incluido en su plan sobre el mundo; el santo cuenta con respaldo de la Divinidad y garantiza a quienes lo invocan una intercesión eficaz ante el Señor».[52]

Manteniendo como punto de referencia la abstracción de «la idea de Hispania» en la Edad Media, vamos a acercarnos al final de este trabajo a cuestiones de identidad en el presente, en tanto que éstas se reflejan en la dicotomía centralismo-periferia que, con sus diferentes proyectos políticos y culturales en conflicto, presentan diferentes visiones no sólo de la «idea de España», sino también de la «historia de España».

[52] Manuel Díaz y Díaz, *Visiones del más allá en Galicia durante la Alta Edad Media* (Santiago de Compostela: Fundación Editorial Bibliófilos Gallegos, 1985), p. 29.

II. LA INVENCIÓN DE ESPAÑA

Laudes Hispaniae y el Concilio III de Toledo: bases de la nacionalidad española

José Antonio Maravall elabora de una forma muy elocuente una exposición del «concepto de España» en el Medioevo mediante un análisis que se centra en la particularidad hispana de una pluralidad variable de reinos y reyes sobre espacios compartidos y, sobre todo, en la conciencia relacional que los súbditos tenían de su propia identidad colectiva y de la representación que de ésta se articulaba en la persona del monarca.[1] Maravall, desde una historiografía de las ideas, está más interesado en lo que se podía pensar que fuese un rey que en lo que efectivamente era, señalando que «en la península Ibérica dejó de tener importancia la idea o el proyecto político de unidad bajo un solo rey de España».[2] Su valioso estudio de las mentalidades en la Edad Media pone más énfasis en elaborar una tesis sobre el imaginario de la «idea de España» que sobre la idea de un «rey de España», recalcando que

> no se olvida, pero deja de tener actualidad por completo [...] la idea de un rey único en España. En cambio, subsiste fuertemente la conciencia de España, con absoluta independencia que un rey o varios reyes puedan existir o no existir en el espacio de la misma [...] la independencia del sentido unitario de España respecto a que existía o no una unidad de poder político es un hecho peculiar de nuestra historia.[3]

El vínculo simbólico en este imaginario de unidad social señalado por Maravall se formó a través de ciertos emblemas operativos capaces de favorecer y fomentar una identidad protonacional de carácter abstracto. El análisis de la

---

[1]   José Antonio Maravall, *El concepto de España en la Edad Media* (Madrid: Centro de Estudios Constitucionales, 1981), p. 345.

[2]   *Ibíd.*, p. 344.

[3]   *Ibíd.*, p. 346.

representación y función social de los símbolos hegemónicos es de gran utilidad para estudiar el carácter evolutivo de Santiago (patrón, apóstol, guerrero, peregrino, matamoros, mataindios, etc.) como un emblema activo de esa identidad suprema en construcción que empezaba a irradiarse desde la idea de Hispania.

El símbolo de Santiago, esencialmente proteico, deriva de los presupuestos historicistas ya señalados en las páginas anteriores que nos muestran la retroalimentación de valores compartidos entre los súbditos y las esferas de poder. Esta fusión de valores etnorreligiosos en la continuidad histórica de la doctrina eclesiástica durante la Edad Media está también subrayada en los trabajos de Walter Ullmann, quien advierte que «in the East ecclesiastical doctrine was subordinated to historical reality, whereas in the West ecclesiastical doctrine in a large measure shaped the historical evolution».[4]

Bien es sabido que el sentimiento de pertenencia a la unidad suprema de Hispania se elaboró como una construcción letrada mediante alabanzas, crónicas, himnos e historias generales. El hecho de que esta identidad se definiera en oposición a otras construcciones de identidades y a otras historias —primero la musulmana, luego la carolingia y, por último, la reformista protestante—, puede explicar el desarrollo histórico de la narrativa en los símbolos protonacionalistas que, como hemos visto anteriormente, participaban en préstamos culturales (guerra santa, limpieza de sangre) con otras construcciones de identidades e historias fundacionales, colindantes, paralelas y coetáneas al desarrollo de la idea de España en la Edad Media. Estos contactos culturales estaban marcados por propuestas de recuperación, restablecimiento y restauración de símbolos fundacionales que han dado lugar a una realidad de la que no interesa averiguar la verosimilitud de los hechos narrados, sino el proceso de cómo se fue constituyendo un sistema de creencias y valores a través de ellos.

Al señalar la funcionalidad y resemantización del símbolo sacro de Santiago en los textos que vamos a presentar, podemos aproximarnos a reconstruir los distintos sistemas de valores y creencias compartidas que marcan la discontinuidad y ruptura de una línea histórica que nos lleva hasta la actual España de nacionalismos periféricos. El estudio de la constante supervivencia y regeneración de Santiago en esta línea histórica puede permitirnos evitar una trampa teleológica de la idea España y, al mismo tiempo, ayudarnos a entender las diferentes propuestas de españolidad implícitas en la idiosincrasia evolutiva de Santiago, desde su origen apocalíptico en la Alta Edad Media hasta la unión simbólica propuesta en el ritual de la *peregrinatio* anclado a una peculiar identidad nacional que no puede disgregarse de su bagaje histórico.

4   Walter Ullmann, *The Relevance of Medieval Ecclesiastical History* (Cambridge: Harvard University Press, 1966), p.11.

Las primeras representaciones literarias en las que se expresa un concepto unitario de Hispania como tema principal se muestran bajo la forma de alabanzas o glorias pretéritas a una tradición histórica que se pierde en el pasado nebuloso. Para los propósitos de este trabajo es imprescindible empezar por las *Laudes Hispaniae* de san Isidoro de Sevilla (560-636), puesto que casi toda la historiografía medieval va a remitir a ellas como fuente de autoridad. Isidoro es el primer cronista hispano que produce una literatura con claros elementos protonacionalistas enfocados a la unidad católica de España como esencia de una identidad vinculada al destino providencial de la península.

La labor historial y enciclopédica de san Isidoro es el primer paso en la construcción de una historiografía de carácter unificador hispánico, que celebra el patrimonio de la cultura romana y al mismo tiempo glorifica el presente godo. El texto más significativo de esta tradición historiográfica de san Isidoro es la *Historia de los Godos, Vándalos y Suevos* y se caracteriza por tener un corpus ideológico que pretende asociar el presente político y cultural de su época con las glorias del pasado godo frente a la caída del Imperio Romano.

En la *Historia de la historiografía española* publicada por Sánchez Alonso en 1941 se señala que el proemio, la historia y la recapitulación de la obra de san Isidoro forman «un sólo cuerpo animado por un mismo espíritu: el deseo de estimular a los visigodos con el recuerdo de sus glorias pretéritas».[5] Es cierto; el prólogo de la *Historia de los godos* es fundamental para entender la percepción que de Hispania se tenía en la Alta Edad Media. La idea de la patria se profiere como un punto de referencia medular en las *Laudes* de san Isidoro, incluso se articula como un ideario profético capaz de constituir y dar legitimidad a otras identidades todavía no existentes y, por lo tanto, de carácter imbuido:

Tú eres, oh Hispania, sagrada y madre siempre feliz de príncipes y de pueblos, la más hermosa de todas las tierras que se extiende desde el Occidente hasta las Indias.[6]

Este elogio a Hispania en el prólogo de san Isidoro muestra un fuerte sentimiento mesiánico que sirve para introducir en el texto la idea de una conti-

---

[5] Benito Sánchez Alonso, *Historia de la historiografía española: ensayo de un examen de conjunto*, 2 Vols. (Madrid: Sánchez de Ocaña, 1941), p. 78.

[6] De ahora en adelante me referiré al texto de san Isidoro como la *Historia de los godos,* citando el estupendo trabajo de edición llevado a cabo por Cristóbal Rodríguez Alonso, *Historias de los reyes Godos, Vándalos y Suevos de Isidoro de Sevilla: estudio, edición, crítica y traducción*, Colección fuentes y estudios de historia leonesa Ser, 13 (León: Centro de Estudios de Investigación San Isidoro, Imprenta Diocesana, 1975), p. 169.

nuidad de los reyes godos desde el año 256 antes de Cristo hasta el año 624, fecha en la que supuestamente se compone el texto. De esta manera, san Isidoro, interpretando la profecía de Ezequiel, asocia los orígenes de la nación goda con la dinastía de Magog, hijo de Japhet, y asegura que «el reino de los godos es antiquísimo».[7] San Isidoro evoca una idea de Hispania íntegra, sin particularidades regionales. La alabanza está dirigida a toda Hispania como concepto unitario que emerge en la península en la Antigüedad clásica. Mientras que, en el prólogo, Hispania es parte del mundo antiguo tutelado por Roma, en el final de las alabanzas concluye con una referencia a la victoria de los godos sobre los romanos:

> Y aunque el mismo Poder Romano, primero vencedor, te haya poseído, sin embargo, al final, la floreciente nación de los Godos, después de innumerables victorias, con empeño te conquistó y te amó.[8]

La exaltación de la victoria de los godos sobre los romanos implica una lectura que destaca la superioridad de los primeros, pero que reconoce el legado cultural de los segundos así como la anterior pertenencia de Hispania al orden romano. Este sentimiento romano es algo que definitivamente desaparecerá de la idea de España durante la Baja Edad Media. También debemos destacar el trabajo llevado a cabo en 1908 por Blázquez y Aguilera, quienes publicaron por primera vez una edición de un manuscrito del siglo XVIII archivado con el título de *Mapa Mundi* y supuestamente reproducido y trascrito de otro texto medieval que los editores atribuyen a san Isidoro. Igualmente se conservan dos manuscritos, uno del siglo XIII en latín y otro del siglo XV en lengua romance, que comienzan la narración atribuyéndosela a san Isidoro de Sevilla: *Incipit Liber Mapa Mundi Sancti Ysidory*, en el primer manuscrito, y *Aquí comienza el libro que compuso Sant Ysidro que se llama Mapa Mundi*, en el segundo manuscrito.[9]

---

[7] *Ibíd.*, p. 173.

[8] *Ibíd.*, p. 171.

[9] *Mapa Mundi: Semeiança del Mundo, a Medieval Description of the World*, eds. William Emerson Bull and Harry F. Williams, University of California Publications in Philology, Ser. 51(Berkeley: University Press, 1959). El texto está atribuido por los editores a un autor castellano anónimo del siglo XIII, quien en parte recopiló el texto de las *Etimologías* de san Isidoro. Texto A y B editados de Ms. 46 (Biblioteca Nacional, Lisboa) y Ms. X. III. 4 (Biblioteca de El Escorial). Curiosamente ambos adjudican su autoría a san Isidoro de Sevilla. Un tercer manuscrito, Ms. l.7.979 (B.N.M.) fue editado anteriormente por Blázquez y Delgado Aguilera en 1908 como texto de san Isidoro bajo el título de *Mapa-mundi; primera publicación en castellano de un libro de geografía del sabio arzobispo español, hecha según un manuscrito que se presume redactado en el*

La edición crítica que compara ambos manuscritos fue presentada por William E. Bull y Harry F. Williams en 1959 con el título de *Semeiança del Mundo: A Medieval Description of the World*. En ambos manuscritos de la *Semeiança del Mundo* tenemos descripciones muy concretas de Hispania. La voz narrativa en los dos textos atribuye a san Isidoro las siguientes descripciones de la península Ibérica que pueden ser de sumo interés para conectarlo con la idea de Hispania y el proceso de construcción de identidad nacional:

> Açerca desta tierra de Aquitania es tierra de Espanna, e ovo prymera mente nombre de Hiberia del nombre de vn rrio que dizen, segun el latyn, Hibycus e nos llamamos Ebro; e otrosy, segun que oystes de comienço, ha nombre, segun el latyn, Yspania del nombre de vn rrey que fue que dixeron por nombre don Yspalo; et otrosy, por derecha rrazon, ha nombre Esperia por una estrella que es en nuestro cabo que es en oçidente que dizen, segun el latyn, esperus.[10]

Aquellos que redactando el elogio lo atribuyeron retrospectivamente al santo sevillano están articulando una cuidadosa cartografía ideológica de Hispania, pues aluden a su nombre de forma bautismal, nombrándola tres veces con connotaciones ideológicas diversas, pero complementarias al mismo tiempo. El elogio introduce tres formas diferentes de entender los orígenes de la comunidad, enfatizando en la soberanía goda, la legitimidad histórica dentro de la tradición romana y el destino providencialista de la misma: 1) «Hiberia» que toma su nombre del río Ebro, asignando, con el uso de la nomenclatura topográfica de Estrabón, la mitificación del territorio de la patria en un lugar presente ya en la geografía de la Antigüedad clásica; 2) se le atribuye también el nombre de «Yspania» en referencia a un rey mítico llamado Yspalo, destacando así la monarquía como manifestación legítima de la relación indivisible entre el Estado, el monarca y el territorio; 3) y por último, «Esperia», la estrella celeste que hace eco, por su analogía con la estrella de Belén, al destino mesiánico que anticipa el nacimiento de la nación española como pueblo elegido por Dios. En la cita anterior de san Isidoro podemos observar una toponimia supra-regional que apela siempre a un origen y a un orden antiguos, en donde el nombre y el acto de nombrarlo es en sí mismo el signo fundacional. Aunque los sentimientos de identidad o pertenencia se reformulen históricamente, veremos más adelante que éstos siguen conservando algunos de los elementos icónicos ya señalados por san Isidoro.

---

siglo *XIII* y que en copia existe en la Biblioteca del Real Monasterio de San Lorenzo del Escorial y en la Nacional de Madrid (Madrid: Imprenta del patronato de huérfanos de la administración militar, 1908).

[10] *Mapa Mundi: Semeiança del Mundo, op. cit.*, p. 89.

Es imprescindible avanzar en el uso del vocablo «Hispania» durante la Edad Media para poder comprender las implicaciones ideológicas asociadas con el acto de nombrarla. Maravall coincide con otros historiadores portugueses en que Hispania era el término con el que los cristianos designaban, después del año 711, todo el territorio dominado por los árabes y, como resultado de este imaginario, «Hispania» era sinónimo de la «España no cristiana».[11] Si éste es el caso, entonces el territorio no musulmán en el norte de la península carecía de denominación genérica, lo que legitima ideológicamente la (re)conquista territorial del sur de la península por parte de los cristianos que se hallaban en los no-territorios del norte peninsular. En las mismas coordenadas de análisis se encuentra el trabajo del historiador Sánchez Alonso, quien señala que «durante bastante tiempo el nombre de España fue reservado por los cronistas cristianos para la porción grande, la dominada por los árabes».[12]

Al detenerse a comprender los diferentes proyectos que del imaginario de España se empezaron a formar durante la Edad Media resalta, indudablemente, el perspectivismo con el cual se concebía esa idea. Las tres castas que compartían el territorio de la península Ibérica —cristiana, judía y musulmana— no compartían una misma idea de España: para los musulmanes que invadieron la península, España no era un concepto histórico-político, sino, como indica Maravall, «un concepto geográfico del que no se desprende ninguna exigencia».[13]

Maravall presenta de forma muy elocuente las diferencias conceptuales entre las lamentaciones sobre la «pérdida del Islam en España» y aquellas de tema cristiano que se manifiestan en la «pérdida de España»,[14] al mismo tiempo que señala la debilidad del concepto político por parte de los sarracenos en la idea de España. En la misma línea de análisis presenta Menéndez Pidal su introducción al tomo IV de la *Historia de España*, donde asegura que «contra toda lógica los monarcas musulmanes no parecen haberse propuesto jamás alcanzar la posesión de toda la península».[15] Otro concepto de España vigente durante la Edad Media es el que se articula desde las comunidades hebreas. Para los judíos que llegaron a la península en el siglo I como esclavos obtenidos de las guerras romanas en Judea, el nombre con el cual se referían a Iberia era «Sefarad», nombre que, como acertadamente señala Millar, «has been asso-

---

[11] José Antonio Maravall, *El concepto de España en la Edad Media, op. cit.*, p. 225.
[12] Benito Sánchez Alonso, *Historia de la historiografía española, op. cit.*, p. 97.
[13] *Ibíd.*, p. 197.
[14] *Ibíd.*, p. 198.
[15] Ramón Menéndez Pidal, «España Visigoda (414-711 de J.C.)», *Historia de España, T. III* (Madrid: Espasa-Calpe, 1940), p. 31.

ciated with the land refered to in the Bible as Sepharad, and this term became Spain's Hebrew name».[16] Ángel Pulido Fernández, en su excelente estudio sobre las comunidades hebreas en la España medieval, *Españoles sin patria y la raza sefardí*, argumenta acerca del origen y la nobleza de los judíos sefardíes que llegaron a la península, distinguiéndolos de los asquenasitas que se dispersaron por los países germanos.[17]

Las inquietudes históricas que figuran detrás del uso de estas toponimias ya estaban presentes en la obra fundacional de san Isidoro. Sin embargo, nosotros debemos preguntarnos ¿para qué audiencia estaba escribiendo entonces san Isidoro y cómo se imaginaba a su comunidad y a la idea de Hispania? La respuesta podemos anticiparla desde una cuidadosa lectura de la *Historia de los reyes godos*:

> Los godos, tan pronto como empezaron a tener escritura y leyes, se construyeron iglesias de su dogma [...] creían que el Hijo era inferior en majestad al Padre y posterior en eternidad, y que el Espíritu Santo ni era Dios, ni procedía de la sustancia del Padre, sino que fue creado a través del Hijo y que estaba dedicado al servicio de ambos y sujeto a su complacencia [...] permanecieron en la maldad de esta blasfemia en el correr de los tiempos y el sucederse de los reyes durante 213 años.[18]

Los godos están destinados a ser, aunque en un principio todavía inconscientemente, los encargados de llevar a cabo la conversión al catolicismo romano en la península. El texto de san Isidoro reconstruye la historia de una comunidad identificada con la idea de Hispania, para reemplazar a la concepción más ambigua y universalista del Imperio Romano. Finalmente nos dice san Isidoro que «acordándose de su salvación, renunciaron a la arraigada perfidia y llegaron por la gracia de Dios a la unidad de la fe católica».[19]

San Isidoro nos dice que durante el reinado del rey Leo en el año 504, «los godos empezaron a tener leyes escritas, pues anteriormente se regían solo según sus usos y costumbres».[20] La escritura y la construcción del discurso jurídico-religioso, y el hecho de tener textos históricos y leyes escritas se pre-

---

[16]   Elaine Millar, *Jewish Multiglossia: Hebrew, Arabic, and Castilian in Medieval Spain*, Juan de la Cuesta Hispanic Monographs, Estudios judeoespañoles Ser. 2. (Newark: Juan de la Cuesta, 2000), p.16. Para una lectura más detallada sobre el tema, véase Stacy Beckwith, «Al-Andalus/Iberia/Sepharad: Memory among Modern Discourses», *Charting Memory: Recalling Medieval Spain*, ed. Stacy N. Beckwith (New York: Garland Publishing, 2000).
[17]   Ángel Pulido Fernández, *Españoles sin patria y la raza sefardí*, ed. María Antonia Bravo (Granada: Universidad de Granada, 1993).
[18]   Isidoro de Sevilla, *Historia de los godos, op. cit.*, p. 185.
[19]   *Ibíd.*, p. 185.
[20]   *Ibíd.*, p. 229.

sentan como una de las primeras manifestaciones de la identidad de un pueblo elegido por Dios en un «destino en lo universal». San Isidoro está imaginando una nación que no necesariamente debe compartir un territorio, pero sí una ideología común a través del discurso letrado. En el texto de san Isidoro podemos ver cómo se define la nación en términos de etnia, religión y marco jurídico, quién se incluye y quién se excluye en el imaginario de esta representación de un único espacio compartido por una ideología. A la misma vez, podemos observar el proceso a través del cual se construye un espacio simbólico para la posterior introducción del símbolo sacro del apóstol Santiago. Es por esto que Rodríguez Alonso, en su introducción al texto de san Isidoro, señala que los imaginarios de los destinos de la península estaban ligados de una forma permanente a los godos, quienes «habían instaurado ya una monarquía poderosa y alcanzado la unidad religiosa y territorial».[21]

Santiago de España: la edificación de un símbolo

Tres años después de que Américo Castro publicase *La realidad histórica de España* (1954), Chamoso Llamas divulgó los resultados de la tercera y última fase de los trabajos arqueológicos que estaba realizando en la cripta de la catedral compostelana.[22] El informe superó las expectativas de las potestades eclesiásticas: en primer lugar se descubrió toda la cimentación y gran parte de los muros de la iglesia que construyó Alfonso III y, bajo ésta, se halló el acceso a la primitiva capilla, construida por orden de Alfonso II a finales del siglo IX.

Durante las excavaciones también aparecieron la laude y el sarcófago, con su inscripción íntegra, del famoso obispo Teodomiro de Ira Flavia (-847)[23], a quien la leyenda, hasta ahora llegada a nuestros días, le atribuye entre otros hechos el descubrimiento de un pequeño pabellón sepulcral en lo que llegaría

---

[21] *Ibíd.*, p. 19.

[22] Los informes arqueológicos de Chamoso Llamas se encuentran publicados en *Compostellanum* 1. 2 (1956): 349-400 y 2. 4 (1957): 575-678. También remitimos al excelente trabajo de José Guerra Campos, *Exploraciones arqueológicas en torno al sepulcro del Apóstol Santiago* (Santiago de Compostela: Cabildo de la S. A. M. Iglesia Catedral de Santiago, 1982). Guerra Campos, además de presentar una extensa bibliografía sobre el tema, también estuvo presente durante gran parte de las excavaciones realizadas entre 1956-1958.

[23] El epígrafe, sobre el que volveremos en el próximo capítulo, arrojó nueva luz en pleno siglo XX sobre la invención del culto jacobeo en el noroeste peninsular. Éste lleva grabada una cruz asturiana, que lo encabeza con esta inscripción: «*IN HOC TVMVLO REQUIESCIT / FAMVLVS DI THEODEMIRVS / HIRIENSE SEDIS EP S QVI OBIIT / XIII K L D S N BRS ERA DCCCLXXXVA*» (en esta tumba descansa/ glorioso Teodomiro/ obispo de la Sede Irense/ .../ era 885).

a ser la ciudad de Santiago de Compostela; la interpretación de este hallazgo por inspiración divina como la cripta del apóstol Santiago el Mayor, hijo de Zebedeo y hermano de Juan Evangelista, y la puesta en marcha de un premeditado programa político que culminaría en el año 1095 con el traslado de la sede episcopal de Iria a la ciudad de Compostela, convirtiendo esta última en la tercera ciudad santa de la cristiandad, junto con Roma y Jerusalén.

Un breve resumen de la historia literaria sobre la que se construye la leyenda de Santiago es fundamental a la hora de empezar este trabajo. La leyenda se remonta al siglo IX y nos cuenta cómo el obispo Teodomiro, a instancias de un ermitaño llamado Pelayo, examinó el descubrimiento de un sepulcro que, por varios vestigios que contenía, reconoció como el del apóstol Santiago el Mayor. La tradición jacobea de la *translatio* nos asegura que Santiago vino a predicar el Evangelio a Hispania durante el siglo I y que después de regresar a Jerusalén fue decapitado en el año 44 por el nieto de Herodes Agripa, convirtiéndose así en el primer mártir entre los doce apóstoles de Cristo.[24] Después de su muerte, los discípulos del apóstol pusieron el cuerpo de Santiago en una embarcación en Palestina y ésta fue guiada con la ayuda de unos ángeles hasta el puerto de Iria Flavia, en la Galicia romana.

Una vez en la península Ibérica, los discípulos de Santiago se dirigieron a una poderosa matrona pagana llamada la reina Lupa y le pidieron permiso para enterrar el cuerpo del apóstol en tierras gallegas. La reina Lupa les señaló, con la intención de burlarse de ellos, un lugar llamado monte Ilicino, en donde habitaban toros bravos. La reina Lupa les ordenó que allí obtuviesen lo necesario para construir el sepulcro del apóstol. Después de vencer grandes dificultades, los discípulos trasladaron los restos de Santiago en un carro que fue guiado por dos toros milagrosamente apaciguados por la presencia del cuerpo del apóstol y sus discípulos. Ante la estupefacción causada por aquella escena, la reina Lupa se convirtió instantáneamente al cristianismo mientras los toros, guiados por la intervención divina, condujeron a los discípulos al límite de la región denominada Amaia, en el monte Liberum Donum, en donde construyeron el arca sepulcral y edificaron un sencillo altar.

El texto latino del siglo VII *Breviarium Apotolorum* es el documento más antiguo que hace referencias explícitas a la evangelización Santiago el Mayor en tierras peninsulares:

---

[24] Sobre la fecha de la muerte de Santiago remito al trabajo de A. López Ferreiro, *Historia de la Santa A. M. Iglesia de Santiago de Compostela* (Santiago de Compostela: Seminario Conciliar Central, 1898), pp. 61-64. La mayoría de los investigadores la sitúan entre los años 42 y 46 de la era cristiana. La datación del año 44 señalada por Ferreiro se obtuvo de la correlación entre la narración del *Libro de los hechos de los Apóstoles*, capítulo XII, y el libro XIX de las *Antigüedades Judaicas* del historiador Josefo.

[Jacobo] el hijo de Zebedeo, el hermano de Juan— que predicó en las Españas y en las regiones occidentales y que fue asesinado a hierro bajo Herodes y enterrado en *Acaya Marmorica* en el octavo día antes del calendario de Augusto.[25]

No obstante, hoy en día existe un consenso académico de que el *Breviarium* es un documento apócrifo que se difundió en la península alrededor del siglo VII posiblemente como una traducción latina de otra crónica anterior conocida como los *Catálogos bizantinos*, la cual estaba escrita en griego y basada, a su vez, en documentos también apócrifos. Es importante señalar que los textos bizantinos pertenecen a los siglos V y VI y no mencionan la predicación de Santiago en Hispania, por lo que entre la versión griega y la latina se llevó a cabo la inserción del relato sobre la predicación de Santiago en Hispania. Richard Fletcher introdujo el hecho de que el *Breviarium* ya era conocido por el arzobispo don Julián de Toledo en el año 686, y nos recuerda que el gran teólogo toledano lo cita principalmente con la intención de rectificar lo que él considera como la inverosímil predicación de Santiago en la provincia romana de Hispania, una idea que empezaba a convertirse en dogma por aquella época.[26]

Una vez consolidada la súbita invasión de la península Ibérica por los árabes y beréberes en el año 711, Beato de Liébana redactó los *Comentarios del Apocalipsis* (776-786) cuya versión definitiva finalizada en el año 786 aseguraba, dentro de un incipiente programa político de recuperación identitaria, que Santiago había predicado el Evangelio en la península Ibérica sin lugar a dudas, y para ello el Beato se basaba en las referencias textuales y pseudo-históricas del *Breviarium* del siglo VII. Los *Comentarios* del Beato se convirtieron rápidamente en el primer documento ampliamente difundido por el norte de la península que vinculaba directamente, y dentro de un proyecto político determinado, a Santiago con la (re)conquista cristiana.[27] Como consecuencia, y tan solo unos años después, se compuso el himno *O Dei Verbum* para la consagración de una iglesia en una zona aislada en el norte peninsular donde varias

---

[25] Traducido de B. de Gaiffier, *Breviarium Apostolorum* (B. H. L. 652). Sobre el *Breviarium* véase el trabajo de Van Herwaarden, «The Origins of the Cult of St. James of Compostela», *Journal of Medieval History* 6 (1980): 1-35. Así como Manuel Díaz y Díaz, «Die spanische Jakobus-Legende bei Isidor von Seville», *Historisches Jahrbuch* 77 (1958): 467-72.

[26] Argumento introducido por Richard Fletcher en *St. James' Catapult: The Life and Times of Diego Gelmírez of Santiago de Compostela* (Oxford: Oxford University Press, 1984), véase especialmente el capítulo tercero, «The early history of the cult of St. James».

[27] Sobre el problemático y muy debatido tema de la existencia de un fenómeno de reconquista, véase el pionero trabajo de Abilio Barbero y Pascual Vigil, *Sobre los orígenes sociales de la reconquista* (Barcelona: Editorial Ariel, 1974). Remitimos también al historiador Derek Lomax, *The Reconquest of Spain, op. cit.*

décadas después se forjó la leyenda del entierro del apóstol. El himno presenta el simbolismo filial y apostólico de Santiago en relación con el mesianismo de Cristo y la evangelización de Juan, refiriéndose a ambos como,

> los dos poderosos hijos del trueno/ impulsados por ínclita madre/ que alcanzan los más altos puestos/ Juan que se extiende para regir diestramente Asia/ y su hermano que lo hace por España. /[...]/¡Oh verdadero y digno Santísimo Apóstol/ cabeza refulgente y áurea de España/ protector y patrono nacional nuestro/ líbranos de la peste, males y llagas/ y se la salvación que viene del cielo.[28]

El himno de Beato de Liébana se aleja de una simple representación local del culto a Santiago y, por primera vez, se liga el liderazgo apostólico de Santiago con una idea mesiánica, de carácter político, unificadora de Hispania. La incipiente hierofanía jacobea sirve para ayudar a los cristianos a sobrellevar a la crisis de relatividad cultural en la que se encuentran después del arrollador avance de los musulmanes por toda la península en tan solo una década.[29] Bien es sabido que «la salvación que viene del cielo» no tardaría en asociarse con la representación castrense de Santiago Matamoros cabalgando por el cosmos hispano con su espada ennegrecida de sangre infiel y su blasón de capitán hispano-cristiano liderando la lucha contra el Islam.[30] Patente y comprometido mesianismo jacobeo que ya queda inscrito en estos versos latinos de Beato de Liébana. Recordemos que el *Diccionario de la Real Academia Española* define el mesianismo como «confianza inmotivada o desmedida en un agente bienhechor que se espera».[31]

Bien es sabido que el primitivo cántico de Beato ha ejercido una influencia vital en todos los textos que conforman el corpus jacobeo. No sólo es éste el primer manuscrito conservado en donde se consolida, dentro del imaginario

---

[28] Citado y traducido de Jesús Evaristo Casariego (ed.), *Historias asturianas de hace más de mil años: edición bilingüe de las crónicas ovetenses del siglo IX y de otros documentos* (Oviedo: Imprenta La Cruz, 1983), pp. 235-386.

[29] Cabe brevemente señalar, aunque no entraremos en detalles, que la palabra «reconquista» es un concepto inventado en el siglo XIX que ha llegado a crear grandes polémicas dentro de los campos de la historiografía y de la literatura. Quizá, quien más agudamente ha señalado el carácter de la cuestión, separándose de la subjetividad que caracterizó el debate entre Claudio Sánchez Albornoz, Américo Castro y Abilio Barbero, fue el historiador inglés Derek Lomax, quien señala que la reconquista es un marco conceptual, una ideología inventada, a diferencia del concepto artificial que supone la Edad Media. Véase, Derek Lomax, *The Reconquest of Spain*, op. cit.

[30] El primer texto medieval en donde aparece la representación militar de Santiago Matamoros es la *Historia Silense*, supuestamente escrita en el monasterio de Santo Domingo de Silos en 1109 y 1118 por el obispo don Pedro de León.

[31] Real Academia Española, *Diccionario de la lengua española* 21ª ed. (Madrid: Espasa-Calpe, 1992).

colectivo, la predicación de Santiago en Hispania, sino que al mismo tiempo lo proclama como «protector», «patrón» y «cabeza refulgente» de una idea (todavía elitista y limitada) de Hispania que estaba empezando a brotar en el crepúsculo del reducido norte peninsular cristiano. Una lectura cuidadosa del himno nos transmite la presencia de un imaginario colectivo en el cual Santiago y Juan eran representados como hijos del trueno y cuyas áreas designadas para la temprana evangelización cristiana (recordemos que Juan murió en Asia Menor) abarcaban casi todo el Mediterráneo. El himno de Beato concluye recapitulando la *passio magna* y dirigiéndose a Santiago con palabras que aún se utilizan hoy en día cada vez que se hace volar el botafumeiro en la catedral compostelana. No nos cabe ninguna duda que este cántico intentó representar a Santiago como agente histórico (en el sentido hegeliano) de la conformación de una síntesis política de marcada esencia mesiánica. Las alabanzas patrióticas del himno ayudaron a configurar la sacralización de la violencia cristiana en favor de la recuperación territorial y, con la presencia unificadora del símbolo de Santiago como patrón de los cristianos, se estableció una nueva forma de identidad colectiva que, en oposición a la invasión musulmana y dentro de un ambiente apocalíptico sirvió para establecer una incipiente relación de co-legitimidad entre los monarcas cristianos y su nuevo patrón.

En el año 997, tras una de las violentas irrupciones de Almanzor en el noroeste peninsular, quedó destruida la ciudad de Compostela y el santuario del apóstol, aunque cuentan las tradiciones cristianas y árabes que la tumba de Santiago nunca fue profanada, si bien se llevaron las campanas de la catedral compostelana a Córdoba. Unos pocos años después, Durante el siglo X aparecieron una serie de textos que recopilan el Apocalipsis de san Juan y los comentarios que sobre éste hizo en su momento Beato de Liébana a finales del siglo VIII. El más importante para todos los efectos jacobeos es el que se conserva en le catedral de Gerona y se conoce como *Sancti Beati a Liebana in Apocalypsin, Codex Gerundensis* (975)[32].

---

[32] Remitimos al manuscrito de la catedral de Gerona MS. 7. Véase la edición de E. Romero-Pose (ed.), *Sancti Beati a Liebana Comentarius in Apocalypsin* (Roma, 1985); y la edición facsímile de Jaime Casanovas y Cesar Dubler (eds.), *Sancti Beati a Liebana in Apocalypsin, Codex Gerundensis* (Laussane, 1962), 2 Vols.
Otro trabajo importante sobre el tema es la separata de C. Cid, «Santiago el Mayor en el texto y en las miniaturas de los códices del Beato», *Compostellanum* 10 (1965): 231-273. También debe consultarse la edición de José Camón Aznar (ed.), *Beati in Apocalipsin libri duodecim, Codex Gerundensis A. D. 975* (Madrid, 1975).
B. N. Madrid, Vit. 14-1 es el manuscrito más antiguo y ha sido estudiado en detalle por P. Klein, *Der ältere Beatus Kodex der B.N. zu Madrid* (Hildesheim-New York, 1976), 2 Vols.
Otro estudio que se puede consultar es el libro de W. Neuss, *Die Apokalypse des Hl. Johannes in der altspanischen und altchristlichen Bibelillustration* (Münster, 1931), 2 Vols.

Una vez presentado este breve extracto de los albores jacobeos, sutil mezcla de quimeras y advenimientos históricos sobre los que se proyectan las primeras representaciones simbólicas de Santiago, conviene señalar que la *Concordia de Antealtares* (1077) es el primer texto que narra conjuntamente y con detalles precisos los orígenes de la iglesia de Compostela, la muerte de Santiago, el traslado de su cuerpo a la península y su posterior enterramiento en Galicia. El monasterio de San Payo (llamado Antealtares, por estar justo enfrente de la catedral compostelana) se fundó en el siglo IX para albergar a unos religiosos que custodiaban el sepulcro de Santiago Apóstol. En 1075, y para poder ampliar la iglesia prerrománica, se llegó a un acuerdo de cesión de terrenos con los monjes y se redacto, para ese efecto, la *Concordia de Antealtares* en 1077. Hoy en día reside en el antiguo monasterio de Antealtares una comunidad de monjas benedictinas.[33]

El *Cronicón Irense* (de finales del siglo XI) es otro documento de suma importancia en donde tenemos reflejado el ambiente político y las manipulaciones de carácter hegemónico llevadas a cabo durante este período histórico. Es importante mencionar que fue en esta época cuando llegó el primer obispo cluniacense a Compostela, aunque el *Cronicón Irense* sitúa erróneamente la fundación de la iglesia de Santiago en los últimos días de Carlomagno. Fue también en esta época cuando la peregrinación a Compostela entró en pleno apogeo y el obispo Gelmírez, aspirando a organizar la ciudad santa a semejanza de Roma, creó la primera armada española con el pretexto de combatir en el mar a los normandos y árabes. El papa Honorio II llegó incluso a temer la creación de un posible antipapa en la ya establecida sede compostelana. Aun así, Gelmírez llegó a lograr el palio arzobispal, aunque no pudo evitar que, después de su muerte, en la Baja Edad Media empezara a decaer el culto a Santiago, convirtiéndose Galicia, con el pasar del tiempo, en campo de batalla entre nobles, prelados y burgueses.

El obispo Diego Gelmírez, responsable de la redacción de la *Historia Compostelana* (1110), es la persona clave en la transformación histórica de la leyenda jacobea. Gelmírez determinó, con su enérgica religiosidad y sus extraordinarias virtudes políticas, la reconstrucción de la ciudad compostelana iniciada por don Cresónimo en el siglo XI. Sin embargo, y a pesar de que su

---

[33] Para más información sobre el tema remitimos a las separatas de Jesús Carro García, «El privilegio de Alfonso VII al monasterio de Antealtares», *Cuadernos de estudios gallegos* 21 (1952): 145-157. Y «La Escritura de Concordia entre Don Diego Peláez, Obispo de Santiago, y San Fagildo Abad del Monasterio de Antealtares», *Cuadernos de estudios gallegos* 12 (1949): 111-122. Véase también, García Colombás, *San Pelayo de Antealtares: historia, espíritu y vida de un monasterio compostelano* (Santiago de Compostela: Confederación Española de Cajas de Ahorro, 1980).

texto fue uno de los tres documentos fundacionales de la tradición jacobea, la *Historia Compostelana* mantiene un silencio absoluto sobre la predicación y presencia de Santiago en Hispania antes de su muerte. Por motivos que veremos en el siguiente capítulo, el texto de Gelmírez sacrifica la vieja leyenda evangélica por otros idearios diferentes.

No de menor importancia fue la decisiva intervención de la orden de Cluny en la creación del Camino de Santiago y en el proyecto de europeizar España, asociando la presencia del sepulcro apostólico con la legendaria figura del emperador Carlomagno. El emperador franco se representa como protagonista de uno de los libros del *Liber Sancti Jacobi* (redactado hacia el año 1150, no muy lejano de los tiempos de Diego Gelmírez) y del *Codex Calixtinus* (1160-1180), atribuido al papa Calixto II. Ambos textos están enfocados a legitimar y proteger las tradiciones compostelanas iniciadas por Diego Gelmírez a principios del siglo XII.

A partir de estas fuentes primarias, analizaremos en los siguientes capítulos la invención y el desarrollo del símbolo sacro de Santiago, así como la fundación de la iglesia compostelana durante el proceso de sacralización de este territorio occidental que llevó a la invención programática de un camino de peregrinación capaz de neutralizar el símbolo apocalíptico de Santiago Matamoros y convertirlo así en el del Peregrino. También argumentaremos sobre la estrategia presente en la reorganización de la sede irense y de su posterior traslado a Compostela, observando que sistemáticamente estas manipulaciones respondieron más a razones políticas y de reorganización territorial, llevadas a cabo por Alfonso II y el obispo Teodomiro, que al primer ataque de los normandos, hecho que, de facto, ocurrió años más tarde durante el reinado de Ramiro I.

A simple vista, la genealogía del símbolo de Santiago emerge como una piadosa leyenda en los albores de la civilización moderna, sin mayor trascendencia actual que las implicaciones turísticas y manifestaciones culturales asociadas al Camino de Santiago. Sin embargo, en los años cincuenta, y gracias a los estudios emprendidos por el profesor Américo Castro, se inició una tradición revisionista de la historiografía hispánica que, si bien sirvió en su momento para señalar las innegables contingencias entre Santiago y la (re)conquista peninsular iniciada por los reinos astures en el siglo IX, simultáneamente oscureció y puso en tela de juicio las prácticas sociales y manipulaciones de tipo político que tomaron parte en la invención, uso y resemantización del fenómeno jacobeo a lo largo de más de un milenio. No obstante, y de acuerdo con Castro, este trabajo parte de la premisa de que hay que empezar no llamando leyenda a la creencia en Santiago; el término leyenda es simplemente el epitafio escrito sobre lo que fue creencia, la cual solo es inteligible mientras está funcionando auténticamente. La historia de Santiago de Compostela consistirá en revivir lo hecho con la creencia de hallarse en Galicia el cuerpo del Apóstol.[34]

La presencia del culto jacobeo en la península Ibérica y la eficacia del Camino de Santiago sirvieron para unir el noroeste peninsular con el resto de Europa, influyendo de manera directa en casi todas las expresiones económicas, artísticas y culturales de la Edad Media. Actualmente, todavía siguen afectándolas, aunque, quizá, las manifestaciones y expresiones literarias y sociales hayan sido bastante menos estudiadas que las repercusiones de ámbito económico atribuidas al fenómeno santiaguista.[35]

A lo largo de nuestros argumentos veremos cómo la organización del Camino de Santiago está íntimamente vinculada a los procesos de centralización de la Iglesia romana, a los movimientos de reformas monacales, a la expansión del rito romano y a los avances centralizadores de Carlomagno que señalaban la división entre el mundo medieval y los gérmenes del Estado moderno. Concluiremos que la creación de la ruta de Santiago y la invención del culto jacobeo no responden a motivaciones estrictamente penitenciales ni a elaborados argumentos religiosos, como hasta ahora se ha propuesto, sino, al contrario: su peculiaridad en el momento histórico radica en su carácter y propuesta multitudinaria y en la incipiente vertebración política de un espacio nuevo que centrifugó en torno al poder centralizador de Roma y a la primera europeización de la idea de España en la Edad Media.

José Luis Barreiro nos recuerda que en las cosmogonías sacras todo espacio ordenado tiene un centro de poder desde el que emana las fuerzas que vertebran un territorio y hacen posible la existencia del espacio ordenado.[36] Es en esta relación entre centro y periferia en donde destaca la función que desarrollan los santos iconos en la organización del espacio medieval, haciendo coincidir, como puntualmente ha señalado Barreiro, las razones políticas con las religiosas:

---

[34] Américo Castro, *La realidad histórica de España*, 2ª ed. (México, D. F.: Editorial Porrúa, 1962), p. 345.

[35] En 1999 Santiago recibió 11 millones de turistas. La Xunta gastó 29 millones de euros en organizar el año santo y diversas empresas aportaron otros 15. Se organizaron 1.827 actos y asistieron 3 millones y medio de personas. En 1999 se crearon más de 30.000 nuevos empleos ocupados en el sector de servicios en Galicia. El Camino de Santiago es uno de los principales destinos de turismo cultural del país.

[36] José Luis Barreiro, *La función política de los caminos de peregrinación en la Europa medieval: estudio del Camino de Santiago* (Madrid: Tecnos, 1997), p. 270.

La cosmología cristiana acabó por conformar las bases políticas de Occidente, el impulso sacralizador concentrado sobre Compostela respondía a fines políticos; y la acción de los poderes temporales sobre la formación del patronazgo de Santiago, primero, y del Camino, después, al tiempo que iba encontrando respuestas al problema generado por la fragmentación del territorio, del poder y de la cultura del Bajo Imperio, fue creando también las circunstancias en las que se hizo posible el descubrimiento del sepulcro del apóstol.[37]

Estas propuestas de orden político nos hacen reflexionar sobre la inmediata necesidad en el Medioevo de sacralizar el extremo occidental del Finisterre. Veamos ahora cómo funciona la lógica estructural de este planteamiento: para el hombre religioso, como acertadamente ha señalado Eliade, el espacio no es homogéneo; hay un espacio sagrado, significativo y explicativo que debe ponerse de manifiesto por medio de la hierofanía o manifestación de lo sagrado. Ésta causa la ruptura de la homogeneidad del espacio, lo que permite la construcción del centro como axioma de orientación futura y arquetipo del espacio que reproduce el cosmos.

El hallazgo del sepulcro de Santiago en Galicia y la rearticulación de Compostela como un espacio sagrado permitió obtener un punto fijo en el caos de la homogeneidad alto medieval. La hierofanía, puesta en evidencia a raíz del descubrimiento del sepulcro de Santiago en el extremo occidental, sirvió para subrayar la centralización de Roma como poder centrípeto mediante la sacralización del extremo de Finisterre. El Papado, señala Barreiro, necesitaba articular la esfera de poder de su círculo ideológico para enfrentarse a la rivalidad del Imperio Bizantino, el cual seguía siendo el único centro que conservaba su unidad fuera de la amenaza musulmana.[38] Hasta la invención del símbolo sacro de Santiago en Compostela, la cartografía bizantina se presentaba claramente definida como centro político y militar de un imperio reconstruido entre dos lugares sagrados: Jerusalén y Roma. A ellos se une la nueva ciudad santa de Compostela.

A partir del siglo VIII, el nacimiento de Occidente como unidad política se pronunció en oposición a Bizancio y obligó a la imaginación y creación de un espacio occidental definido en función de la proyección del poder religioso e ideológico del Papado. Mientras que Bizancio proponía una unidad imperial que coincidiese con su realidad territorial, Roma, apoyada en el Sacro Imperio Romano-Germánico, articuló un ideario de unidad asentado en la sacralización del territorio. La presencia de Santiago en Occidente y san Juan en Oriente legitimaba las coordenadas del abanico ideológico de Roma, sacralizando con

---

[37] *Ibíd.*, p. 274.
[38] *Ibíd.*

estos símbolos ambos extremos de la cosmogonía cristiana y, simultáneamente, consagrando, de una vez por todas, la incipiente hegemonía política que Roma estaba empezando a consolidar como núcleo de poder durante la Edad Media.

Teniendo en cuenta las tesis de Mircea Eliade, propuestas en su estudio de la relación entre lo sagrado y lo profano, y especialmente aquella que señala la hierofanía como muestra de lo sagrado, nuestro argumento presenta una tesis que considera lo sagrado como una realidad de un orden totalmente diferente. El descubrimiento del sepulcro de Santiago equivalió a la creación de una realidad absoluta donde el símbolo de Santiago se convirtió en portador supremo de significación política y puso punto final a la relatividad y a la confusión acaecida después del año 711. La transformación apocalíptica de Santiago Apóstol en Santiago Matamoros estaba anunciada, siendo sólo cuestión de tiempo.

Eliade argumenta que el hombre penetra en el conocimiento de lo sagrado porque se manifiesta como algo totalmente diferente de lo profano, que no pertenece a este mundo y que se presenta en oposición absoluta a la «no-realidad de la inmensa extensión circundante». «La manifestación de lo sagrado», señala Eliade, «fundamenta ontológicamente el Mundo».[39] Desde este punto de vista, la manifestación del símbolo jacobeo respondió a la necesidad popular dentro de un contexto histórico cuando se luchaba constantemente por la supervivencia cristiana. Eliade nos recuerda que los símbolos surgen para poner fin a la tensión provocada por la relatividad y a la ansiedad que alimenta la desorientación; en una palabra: para encontrar un punto de apoyo absoluto.[40]

En el estudio de esta simbiosis entre centro y periferia también es necesario considerar el trabajo llevado a cabo por Manuel García Pelayo, quien ha investigado la función de los símbolos políticos en la Edad Media y advierte que «durante la Edad Media no hay, estrictamente hablando, centros políticos, en el sentido de capitales de Estado, pues tal fenómeno presupone una organización política relativamente centralizada, racionalizada e impersonal, circunstancias que no se daban en la época».[41] Sería más acertado, quizá, indicar que Roma, a diferencia de Bizancio, intentó crear una unidad que, con la sacralización del espacio de Compostela como extremo occidental, señalaba las metas del camino en expansión.

---

[39] Mircea Eliade, *Lo sagrado y lo profano*, 2ª ed., trad. Luis Gil de *Das Heilige und das Profane* (Madrid: Ediciones Guadarrama, 1973), p. 26.
[40] *Ibíd.*, p. 31.
[41] Manuel García Pelayo, *Mitos y símbolos políticos* (Madrid: Taurus, 1964), p. 216.

Nada tiene de extraño, pues, que el símbolo de Santiago apareciese en el Nuevo Mundo siete siglos después, justo cuando de nuevo se están redefiniendo los espacios políticos, militares e ideológicos, y en un momento de cambio en el que el centro ya no está en Roma, sino en España como fuente ideológica del nuevo Imperio Cristiano. Al igual que anteriormente con Roma, se trata de una construcción inversa del espacio sagrado: Santiago aparece en América, el nuevo extremo de Occidente, como referencia sacra en la proyección espacial de una idea política, esto es, una realidad a construir mediante el proceso de expansión hegemónica que llevaba a cabo España durante el siglo XVII. Es en este espacio emergente, y alejado del centro sagrado, en donde cobran plena importancia las acciones y las difusiones de los símbolos proyectados a favorecer la solidaridad de identidades colectivas y a actuar como nexos entre los súbditos, situados en la periferia, y el poder centrípeto. De esta forma, el territorio puede ser apropiado mediante la sacralización y la organización del espacio sagrado, de acuerdo con los valores presentes en la cosmogonía cristiana. La aparición de Santiago en América sirvió para expandir la nueva hegemonía castellana del Imperio Español, en oposición a las ideologías reformistas emergentes en Europa durante el siglo XVII, que no tardaron en poner en tela de juicio la simbología jacobea.

La presencia de Santiago en el Nuevo Mundo fue real para aquellos que participaron en la Conquista, ya que su visión construyó una concepción de «realidad absoluta» que imitaba el arquetipo sagrado de la cosmogonía cristiana medieval. Santiago Matamoros se transformó, inevitablemente, en la figura de Santiago Mataindios, destructor de los indios y después protector de ellos. La realidad y legitimidad de Santiago Mataindios en la Conquista remitía a valores absolutos que emanaban de la autoridad simbólica prestada por el matamoros castellano. Para los conquistadores que veían a Santiago en el Nuevo Mundo, su misión no era nada más que la repetición de un suceso fundamental: la conversión del Caos en Cosmos. La aparición de Santiago consagraba el territorio virgen americano, representaba un nuevo nacimiento. La realidad de los hechos, señala Eliade, «is acquired solely through repetition or participation; everything which lacks an exemplary model is meaningless, it lacks reality».[42]

Estos estudios de la fenomenología de las religiones llevados a cabo por Eliade nos permiten profundizar en el análisis de la relación entre símbolos sagrados e historia, en la manera en que esta relación puede ayudarnos a entender la función ritualista del peregrinaje a Compostela, la transformación de la

---

[42]   Mircea Eliade, *The Myth of the Eternal Return*, trad. Willard R. Trask de *Mythe de l'éternel retour* (New York: Pantheon Books, 1954), p. 34.

historia de España en mitos y la metamorfosis de los personajes históricos en arquetipos que simbolizan los valores sagrados del centro político y religioso desde el que emanan todos los poderes. La historia de España se construye mediante paréntesis ideológicos y símbolos que funcionan como agentes históricos de la realidad pasada y de su proyección en el futuro. Cabe subrayar que durante el estudio del símbolo de Santiago es necesario tener en cuenta su esencia polisemántica y, al mismo tiempo, proteica, ya que una de las características principales del símbolo es su polifonía y la multiplicidad de significados que expresa simultáneamente, o como acertadamente señaló Eliade, el símbolo «refers to a plurality of contexts and it is valuable on a number of levels. If we retain only one of its significations [...] we risk not grasping the true message of the symbol».[43]

La invención de un Camino

Al principio de su célebre ensayo *Ritual Theory, Ritual Practice*, Catherine Bell elabora una tesis a la aproximación del ritual capaz de explicarlo como una serie de manifestaciones sociales, análogas, en su función total, a aquellas que derivan de la producción cultural letrada.[44] Es nuestra intención examinar en detalle esta función social del ritual inmersa en el fenómeno de la peregrinación jacobea para comprender los procesos de negociaciones políticas y culturales que se llevaron a cabo durante la invención del Camino de Santiago y el ritual de la peregrinación jacobea. Esta vía de análisis, estudiada desde la teoría sociológica del ritual, nos muestra cómo éste articula, aunque la mayoría de las veces de un modo inconsciente, aquellos elementos estructurales señalados por la crítica como

> the ability —not equally share, desire, or recognized— to (1) take and remake schemes from the shared culture that can strategically nuance, privilege, or transform, (2) deploy them in the formulation of a privileged ritual experience, which in turn, (3) impresses them in a new form upon agents able to deploy them in a variety of circumstances beyond the circumference of the rite itself.[45]

---

[43] Mircea Eliade, *Symbolism, the Sacred, and the Arts*, ed. Diana Apostolos Cappadona (New York: Crossroad, 1985), p. 5.

[44] Catherine Bell, *Ritual Theory, Ritual Practice* (Oxford: Oxford University Press, 1992), p. 15.

[45] *Ibíd*, p. 116.

Las observaciones de Bell son útiles en cuanto que nos ofrecen un análisis social en el que el ritual se muestra como el modo más eficaz de construir una comunidad imaginada y en donde las tensiones entre los diferentes estamentos pueden ser mitigadas por la creación de un espacio sagrado y común que simbólicamente reproduce la transformación ontológica del Caos en Cosmos.

Sin embargo, hay que tener en cuenta que la esencia comunal del ritual señala paradójicamente el carácter privativo del peregrino dentro de una colectividad con rasgos compartidos y en la que el individuo que participa en el peregrinación se reconoce a sí mismo como parte de la colectividad que en el representa. Sólo de esta manera puede tener pleno significado la construcción de la identidad colectiva que, mediante el ritual, entre otras estrategias culturales, sirve para crear una conciencia de grupo social. Entonces, la práctica del ritual deriva, e implica al mismo tiempo, la construcción de relaciones de poder cuando este poder es puesto de manifiesto por medio de una hierofanía sagrada (el descubrimiento del sepulcro apostólico) o mediante la repetición de lo sagrado (celebración de la eucaristía en la misa del peregrino), pues es en esos momentos cuando la comunidad puede experimentar una unión simbólica e imaginada, la cual está implícita en los procesos de construcción sociales y culturales articulados desde las esferas de poder hegemónico.

A simple vista, el símbolo de la peregrinación a Santiago nace envuelto en la leyenda y la incertidumbre. Casi todas las aproximaciones a este culto fundacional de la historia de España llevan, frecuentemente y por desgracia, una carga emocional por la intención de descubrir en él una significación histórica y una justificación ideológica que se acople al modelo hegemónico en vigencia. Incluso las hipótesis etimológicas sobre los topónimos subsiguientes a la romana Iria Flavia serían de mayor interés si contribuyesen de verdad a esclarecer los hechos históricos. La lectura sobre los orígenes del mismo nombre «Compostela», el cual aparece por primera vez en documentos medievales del siglo X, nos lleva a dos observaciones interesantes: la primera es que «Compostela» no se refiere a la ciudad de Santiago, sino a un lugar situado en los lejanos suburbios fuera del núcleo urbano; la segunda observación es que, en contra de la popularidad que ha ganado en los últimos siglos el tradicional vínculo etimológico entre «Compostela», «*campus stellae*» y «campo de estrellas», que supuestamente se remonta al siglo IX, los estudios filológicos más serios debaten y cuestionan tal asociación léxica.

La *Crónica de Sampiro* (1000), según está transcrita por el silense en el siglo XII, y que será parte del corpus a estudiar en el siguiente capítulo, no utiliza el topónimo Compostela, el cual, sin embargo, sí se encuentra más adelante en las enmiendas que Pelayo de Oviedo introdujo a finales del siglo XII. Sin embargo, es en la *Historia Silense* que contiene la *Crónica de Sampiro* en donde curiosamente se hace por primera vez referencia literaria a la aparición de Santiago Matamoros en el campo de batalla. Campos también ha estudiado las interpretaciones etimológicas propuestas en otras crónicas del siglo XII —el *Cronicón Irense*, a finales del siglo XI, y la *Crónica Najerense* (1160)—, y expresa una opinión diferente, que hace derivar el topónimo de «Compost(ela)» de «*compositum tellus*», en donde «*componere*» vendría de hermosura y el diminutivo «*ela*» la designaría como una pequeña urbe o ciudadela hermosa, concediendo al topónimo un uso únicamente popular hasta por lo menos la primera mitad del siglo XI, época en que, tras la destrucción llevada a cabo por Almanzor, la ciudad de Santiago hubo de ser reconstruida y fortificada.[46] Otros documentos también señalados por Campos muestran la identificación, durante los siglos IX y X, del topónimo «Arcis Marmoricis» con «un verdadero nombre del lugar en el que la sepultura se encontraba», y no a la expresión literaria que relaciona la palabra «*arcis*» con «arca» o «sepulcro», como hasta ahora se ha propuesto.[47]

No hay duda de que sobre la controversia inscrita en las mismas propuestas etimológicas de los topónimos descansan las agendas políticas de construcciones identitarias ancladas en las tradiciones populares, creando, como veremos a lo largo de nuestro argumento, mitos sobre aquello que fueron leyendas fundacionales. Bajo tales mitos descansan los símbolos sacros que la historiografía moderna visita constantemente con la intención de reforzar una identidad colectiva que, paradójicamente, legitima su coherencia histórica en el nebuloso pasado inventado por las elites dominantes.[48]

La invención del sepulcro de Santiago en la primera mitad del siglo IX constituye un momento clave en la construcción de las nuevas identidades colectivas, asociadas éstas a un fenómeno social más amplio de carácter hegemónico que se manifestó mediante la constante reorganización política y cultural del espacio hispano. La invención programática del sepulcro de Santiago es fundamental en la lógica estructural del naciente sentimiento protonacionalista, aunque no es en sí el origen. La invención del culto a Santiago y la puesta en marcha de la peregrinación a Compostela representan la puesta en marcha de un calculado programa ideológico por parte de las elites dominantes. Siendo por estas razones que el fenómeno jacobeo se puede entender como uno de los entramados sociales y políticos más importantes de la Europa medieval, en el

---

[46] *Exploraciones arqueológicas en torno al sepulcro del Apóstol Santiago, op. cit.*, p. 33.
[47] *Ibíd.*, 35.
[48] Para más información sobre este tema, véanse los documentos del año 914 del monasterio de san Martín Pinario, así como los del año 988 del monasterio de Anteailtares, citados por Portela Pazos, «Origen del topónimo de Compostela», *Compostellanum*, 2. 4 (1957): 4, 336 y 346-350.

sentido en que el marco histórico creado por la peregrinación a Compostela adquirió —y todavía lo muestra hoy en día— total independencia frente a la crítica objetiva de los hechos.

Se fueron acumulando leyendas populares que se convirtieron en agentes históricos a través de las influencias económicas y políticas aptas para unir en la metafísica de la ruta de peregrinación espacios anteriormente fragmentados. El fenómeno de la peregrinación compostelana se tradujo en la creación de una conciencia de identidad colectiva con la que se inició, desde las perspectivas centralizadoras de Carlomagno, el largo proceso de creación del Estado moderno como ideario político capaz de romper con las fragmentaciones feudales características del Medioevo europeo, que, por cierto, estuvieron muy poco presentes en la Hispania medieval.

La peregrinación, según la analiza Barreiro Rivas, es un complejo soporte sociocultural que se enmarca en los procesos subyacentes a una realidad histórica concreta y sobre la que se definen espacios de inclusión social mucho más amplios que aquellos definidos por las relaciones de orden sociopolítico.[49] Siguiendo la propuesta señalada por Rivas, debemos distinguir en la discusión presentada por el crítico entre el concepto religioso de la *peregrinus poenitentiae causa* y aquella otra de carácter social unitario que se articula en la *peregrinatio poenitentiae causa*:

> La característica de las peregrinaciones medievales no está, pues, en su singularidad —dado que se trata de un fenómeno de tradición inmemorial y presente en todos los ámbitos y culturas religiosas— ni tampoco en los fines ni definiciones de los objetos o de los lujares que motivan esta devoción. Lo realmente específico de las peregrinaciones del Medioevo en Europa es su organización, llevada a cabo mediante la integración de las rutas hacia los santuarios o lugares sagrados regionales o locales en grandes caminos que emergían sobre la fragmentación del espacio político.[50]

No teniendo en cuenta el carácter programático del culto jacobeo, algunos críticos adheridos al nacional catolicismo español han propuesto, demasiado a menudo, teorías verdaderamente inverosímiles para dar explicaciones coherentes a la historia del premeditado descubrimiento apostólico, capaces algunas de ellas incluso de sostener todo un entramado ideológico de índole europeísta alrededor de la doctrina católica que asegura la presencia del apóstol Santiago en Hispania y su posterior traslado a Iria Flavia. El Camino de

---

[49]   Barreiro Rivas, *La función política de los caminos de peregrinación en la Europa medieval: estudio del Camino de Santiago* (Madrid: Tecnos, 1997), p. 22.
[50]   *Ibíd.*, p. 17.

Santiago es un fenómeno complejo, no hay duda, pero sólo puede ser entendido dentro del contexto de la construcción de la identidad española sin perder de vista la perspectiva europeísta que determinó el nacimiento de las naciones modernas.

La memoria colectiva de la nación española tiende a recordar eventos reales o personajes históricos, reduciéndolos a categorías simbólicas (Santiago, el Cid, don Quijote, el general Franco, etc.) y a arquetipos en vez de a personajes históricos, los cuales se transforman en modelos míticos que reducen los eventos reales a categorías de orden simbólico, rechazando lo individual y apostando por lo alegórico. Esta reducción de personajes reales a arquetipos y de eventos históricos a modelos fundacionales se articula de acuerdo con cierta ontología arcaica que todavía se encuentra presente en la mentalidad popular española.

Castro, en su breve análisis *Santiago de España* (1958), introduce la tesis de que la figura de Santiago surge a través de un reciclaje de la tradición romana de los dioses dioscuros, Cástor y Pólux, hijos de Júpiter, transformados en la figura de Santiago Matamoros ante la necesidad histórica de combatir la ocupación islámica del año 711.[51] Según Castro, en el culto jacobeo, y paralelos a los dioscuros, también están representados los dos hermanos Zebedeo, Santiago y Juan, hijos del trueno, que se sientan a la izquierda y derecha del trono de Cristo, esto es, en los extremos occidentales y orientales de la cristiandad. La hipótesis de Castro fue refutada, casi hasta el extremo de ridiculizarla, por el prestigioso medievalista Claudio Sánchez Albornoz en 1962,[52] sin embargo, fue Castro el primero en señalar y acuñar el término de «reconquista interior» o «subreconquista» para explicar el proceso de cristianización romana llevado a cabo por los francos en las comunidades hispánicas medievales mediante el fenómeno de la peregrinación a Compostela.

Por otro lado, también es importante llamar la atención sobre las tesis de Henry Chadwick (1976), Richard Fletcher (1984) y Fernando Sánchez Dragó (1999), quienes señalan interesantes conexiones entre el sepulcro del apóstol Santiago el Mayor y la cripta del hereje Prisciliano.[53] A la reciente tesis de

---

[51] Américo Castro, *Santiago de España* (Buenos Aires: Emecé Editores, 1958). También en los «Orígenes de la reacción cristiano-europea», *La realidad histórica de España*, 2ª ed. (México, D. F.: Editorial Porrúa, 1962).

[52] Claudio Sánchez Albornoz, *España, un enigma histórico* (Buenos Aires: Editorial Sudamericana, 1956).

[53] Henry Chadwick, *Priscillian of Avila: The Occult and the Charismatic in the Early Church* (Oxford: Clarendon Press, 1976); Richard Fletcher, *Saint James's Catapult. The Life and Times of Diego Gelmírez of Santiago de Compostela* (Oxford: Oxford University Press, 1984); Fernando Sánchez Dragó, *La historia mágica del Camino de Santiago* (Barcelona: Editorial Planeta, 1999).

Chadwick se suma la del intelectual lucense Ramón Chao, quien, en su último libro *Prisciliano de Compostela* (1999), se muestra convencido de que el apóstol Santiago nunca estuvo en la península Ibérica y de que son los restos de Prisciliano —figura herética y carismática del siglo IV que revolucionó el cristianismo con toques agnósticos y que fue desafortunadamente decapitado en Treveris en el año 385— los que irónicamente se veneran en la catedral compostelana por miles de peregrinos cada año.[54]

El noroeste peninsular, debido a la lejanía y a la firmeza de sus estructuras tradicionales, que todavía se pueden observar hoy en día, fue una de las zonas europeas más reacias a la cristiandad que, según las tesis de Chadwick, sólo logró aceptarla cuando un hereje como Prisciliano fue capaz de sincretizarla con las creencias populares. Ya los textos de Estrabón han movido a algunos estudiosos a excluir una romanización de características importantes en Galicia. Estrabón describe a las poblaciones del norte peninsular como gentes de costumbres selváticas y fieras.

Después de leer la tesis de Sánchez Dragó, también llama la atención notar que tan sólo transcurrieron cien años desde que se propagó extensamente la devoción gallega por la figura de Prisciliano hasta el momento de la invasión islámica en 711. A partir de entonces, brotó el culto al apóstol Santiago en el noroeste peninsular con rasgos muy similares al priscilianismo que aún hoy día sorprenden a muchos investigadores. No necesitamos reflexionar demasiado sobre la invención del Camino y de sus estructuras medievales para darnos cuenta de que resultaría muy difícil, incluso me atrevería a decir que imposible, el pronunciamiento del obispo Teodomiro y de las jerarquías locales, y menos, la puesta en marcha de un motor ideológico capaz de propulsar una identidad colectiva de carácter protonacionalista asociada con el culto jacobeo, a no ser que esta creencia pudiese haber cuajado dentro de las mentalidades locales de la época. Aun si admitimos la clarividencia de la Iglesia medieval, capaz de encontrar el modo de impulsar las esperanzas de vida eterna mediante un ideal trascendente que se enfrentase a la ocupación islámica del siglo IX, el arraigo de la figura del apóstol y la invención del Camino en Hispania solo se pueden entender si se asociaban a priori con un pensamiento sólidamente arraigado en la cultura popular y en la memoria colectiva. O sea, si su significado se solidarizaba con mentalidades bastante flexibles como para admitir la resemantización de las tradiciones populares mediante el ritual de la peregrinación.

---

[54] Ramón Chao, *Prisciliano de Compostela* (Barcelona: Seix Barral, 1999), pp. 17-25.

Recordemos, pues, que el imaginario presente en la representación del Camino de Santiago es producto, sin ninguna duda, de discursos y prácticas hegemónicas. Recordemos, en este sentido, que para Williams las prácticas hegemónicas se nos revelan a través de un complejo sistema de significados y valores, algunos de los cuales se manifiestan en forma de símbolos (como en el caso de la peregrinación a Compostela). Estos valores que definen a la hegemonía dominante constituyen tanto una cultura como una ideología. Una cultura en el sentido de que explica el lugar que ocupa el peregrino en el universo cristiano a la misma vez que le proporciona una representación visual de los imaginarios socioculturales que le interpelan. Pero también constituyen una ideología porque los valores que representa nunca son neutrales y responden a los intereses de una ideología específica. Al respecto, Williams, en su análisis de las prácticas culturales y representaciones simbólicas, demuestra como

[La hegemonía] es un sistema vivo de significados y valores —constitutivos y constituyentes— que a medida que son experimentados como prácticas reales son, de forma recíproca, confirmados. De este modo, esto constituye un sentimiento de realidad para la mayoría de las personas de la sociedad [...] Es decir, esto es, en sentido estricto, una cultura, pero una cultura que debe ser vista también como la dominación vivida y la subordinación de unas clases concretas.[55]

Estos argumentos propios del materialismo cultural pueden ser extremadamente útiles a la hora de entender el rechazo de los posibles orígenes prisciliannistas del culto jacobeo y la representación del fenómeno santiaguista en España. Pues, aunque es más cierto que el pan nuestro de cada día que Prisciliano, obispo de Ávila, regresó a Galicia, en la misma manera en que Jesús volvió a Galilea, poco parece haberle importado a la historia eclesiástica que el obispo abulense ordenase sacerdotes, convirtiese a los druidas locales y los gnósticos maniqueos, o predicase doctrinas cristianas en las regiones más remotas de la península Ibérica, pues, tras su tortura y confesión en Tréveris, Prisciliano fue acusado de herejía y condenado a muerte por la Iglesia católica en el año 385. Posteriormente, la historiografía decimonónica lo condenó, de nuevo, al olvido.[56]

---

[55] Raymond Williams, *Marxismo y literatura*, *op. cit.*, pp. 109-110.
[56] Sobre este problema histórico, véanse los trabajos de Ramón López Cenada, *Prisciliano: su pensamiento y su problema histórico* (Santiago de Compostela: Consejo Superior de Investigaciones Científicas/Instituto Padre Sarmiento, 1966), y J. M. Ramos y Loscertales, *Prisciliano: gesta rerum* (Salamanca: Universidad de Salamanca, 1952).

III. De Jacobo Apóstol a Santiago Matamoros

La ficción de un Camino Francés

En la introducción de este trabajo mencionamos que la organización del Camino de Santiago estaba estrechamente relacionada con los procesos de centralización de la Iglesia romana. También señalamos, a través de las propuestas teóricas de José Luis Barreiro, que todo espacio ordenado tiene un centro de poder desde el que emanan las estructuras que permiten la efectividad de los centros políticos.[1] Conforme avance nuestra tesis sobre la trayectoria del símbolo de Santiago y la creación del camino de peregrinación veremos que ninguno de los dos responde a motivos penitenciales ni a elaborados argumentos religiosos de carácter espiritual. Todo lo contrario, la consolidación del símbolo de Santiago señala a la relación entre el eje político del papado en Occidente durante el siglo XI y la periferia del espacio hispano controlada por la orden monástica de Cluny.

El simbolismo del fin del mundo, asociado geográficamente con el Finisterre y la tierra de Hades,[2] como muerte simbólicamente necesaria para el renacimiento espiritual, es un fenómeno que sin duda existía en la península antes del siglo XI. No obstante, fueron los francos quienes se apropiaron de esta creencia popular dotando de una agenda política y de un programa ideológico al Camino de Santiago, mientras, paradójicamente, se negaba la identidad local de sus sustratos culturales. La creación del Camino de Santiago es el resultado programático de un fenómeno complejo que respondía a la necesidad de sacralizar el extremo occidental de la nueva cosmogonía romano-cristiana en opo-

---

[1]   José Luis Barreiro Rivas, *La función política de los caminos de peregrinación en la Europa medieval: estudio del Camino de Santiago, op. cit.*, pp. 269-271.

[2]   Hades, en la mitología griega, es el dios de la muerte. El mundo de la muerte se llama también Hades y está dividido en dos partes: Erebus y Tartarus. Hades se representaba como un lugar oscuro, lejano y misterioso, pero a la misma vez una tierra donde la esencia buena de los humanos era providenciada.

sición a Bizancio. Esta dicotomía entre Oriente y Occidente tuvo sus raíces en los albores del cristianismo, cuando todavía existía todo tipo de posibilidades en un espacio que, como bien indica Ullmann, era inferiormente cultural al que se articulaba en torno a Oriente, y por consiguiente, el Papado tenía frente a él infinitas facultades de adoctrinamiento cultural y de influencias políticas.[3]

El fortalecimiento del culto a Santiago en Hispania erigió un aura mítica en el extremo occidental de la cristiandad capaz de sacralizar los actos de violencia que justificaban la recuperación del territorio dentro de un marco jurídico-eclesiástico que centrifugaba en torno a Roma. Recordemos que el ejercicio político solo tiene autoridad si remite a la sacralización del espacio para fundamentar su discurso —i. e., aura de Compostela en la cosmogonía cristiana, destino manifiesto en la ideología americana, sacralización del territorio de Jerusalén en la política actual israelí y muchos otros más ejemplos que podríamos presentar mediante esta teoría política—.

Otra constante en las representaciones literarias jacobeas es el reconocimiento del símbolo discursivo (léase Santiago) por aquellos grupos sociales que, aunque no se reconocen frente a los valores que éste representa, están obligados a internalizar su autoridad participando del consenso hegemónico. En otras palabras, la autoridad político-militar de Santiago, y lo que éste pueda o llegue a representar a lo largo del tiempo, tiene que ser acreditada por la asimilación de los valores hegemónicos por parte de aquellos grupos subalternos que no pertenecen ni participan del discurso oficial pero que reconocen el símbolo como verdadero, lo leen y testifican sobre su capacidad simbólica.

En este capítulo hemos seleccionado tres textos del siglo XII que demuestran, dentro de una geografía cultural más amplia, la progresión de una representación jacobea iniciada tres siglos antes por Beato de Liébana en el norte peninsular y rearticulada más tarde por los francos mediante la falsificación de tres documentos de gran valor histórico y literario: el _Diploma de Ramiro I_, la crónica _Pseudo Turpín_ y el _Codex Calixtinus_.

A pesar de su larga y decisiva influencia en la creación del Camino de Santiago, la orden monástica de Cluny empezó a mostrar síntomas de debilidad a principios del siglo XII. Tras el infortunado liderazgo de Pons de Melqueil (1109-1132) —el último abad de significante trascendencia—, Pedro el Venerable (1132-1156) no pudo hacer nada para evitar la gran crisis en la que se hundió la orden benedictina después de su muerte.[4] Como consecuencia, a

---

3   Walter Ullmann, _The Relevance of Medieval Ecclesiastical History_ (Cambridge: Cambridge University Press, 1966), p. 11.
4   Entre las muchas causas que debilitaron a la orden benedictina podemos destacar su extremada rigidez monástica, la centralización orgánica de la orden, el gran número de

principios del siglo XII, la orden monástica de Cluny comenzó a perder sus propiedades en la península Ibérica y sus monasterios, sus puentes, iglesias y hospitales fueron pasando paulatinamente a manos de los monarcas hispanos, y al mismo tiempo se revocaron antiguos decretos reales que habían otorgado a la orden infinidad de inmuebles, tierras, prioratos y pequeños poblados a lo largo de la ruta de Santiago. Fue dentro de este turbulento y desesperado ambiente político cuando se redactó el apócrifo *Diploma de Ramiro I* que contiene el polémico Voto de Santiago, el cual es considerado por Evaristo Casariego como «una de las mayores falsificaciones diplomáticas del mundo [...] tributo oneroso que pesó durante siglos sobre la riqueza agropecuaria del país».[5] Igualmente, la mayoría de los historiadores y críticos medievalistas de gran autoridad (Menéndez Pidal, Sánchez Albornoz, Gómez Moreno y Márquez Villanueva) nunca tardaron en demostrar, cada cual a su manera, el carácter apócrifo del *Diploma* y sus anacronismos, sugiriendo que es una falsificación del siglo XII llevada a cabo posiblemente por algunos monjes procedentes de la orden de Cluny, cuyos interés en Hispania cayeron en la desesperación durante el turbulento periodo histórico del siglo XII que marcó definitivamente la reorganización del Camino de Santiago al servicio de un incipiente imaginario hispano.

En este documento, redactado durante el siglo XII y atribuido a Ramiro I (842-850), se otorgaban privilegios a la sede compostelana en agradecimiento por la intervención del santo apóstol en la batalla de Clavijo. Incluso esta famosa batalla parece ser que nunca existió y que la leyenda está tomada de la batalla de Simiancas en donde se enfrentaron en el año 939 Ramiro II y Abderramán III. De hecho, muchas de las circunstancias históricas que se relatan en el pseudo diploma ocurrieron durante el reinado de Ramiro II.[6]

La leyenda narra que los reyes anteriores a Ramiro I solían comprar la paz a los sarracenos entregándoles cien doncellas vírgenes cada año, cincuenta de ellas nobles y cincuenta plebeyas. Según relata el documento, el rey Ramiro I de Asturias se negó a cumplir el trato y movilizó a su ejército contra los sarra-

---

monjes atraídos en épocas anteriores por el prestigio de Cluny, así como la entrada en la orden de nobles arruinados intentando refugiarse en la vida monástica.

5 Véase el capítulo de Jesús Evaristo Casariego dedicado al estudio sobre «La gran falsificación del Voto» en *Historias asturianas de hace más de mil años: edición bilingüe de las crónicas ovetenses del siglo IX y de otros documentos, op. cit.*, p. 279.

6 Claudio Sánchez Albornoz, sin descartar que el *Diploma de Ramiro I* es una falsificación del siglo XII, propone una interpretación interesante de la auténtica batalla de Clavijo que, según el ilustre historiador, ocurrió en 859 y en la que se enfrentaron Ordoño I y el moro Muza. Véase Claudio Sánchez Albornoz, «La auténtica batalla de Clavijo», *Cuadernos de Historia de España*, 9 (1948): 94-136.

Memorias del futuro

cenos; sin embargo, después de una larga contienda, y cuando no había duda
de que los cristianos iban a ser derrotados al día siguiente, se apareció Santiago
al rey de Asturias para comunicarle que él mismo estaría presente en el campo
de batalla por la mañana. La historia nos ha hecho creer en la falsa idea de que
a raíz de esta intervención milagrosa del apóstol, el rey Ramiro I estableció un
voto perpetuo en favor a Santiago. El documento referente al Voto que a continuación cito fue redactado durante el siglo XII y atribuido retrospectivamente
a Ramiro I:

> Tantum igitur apostoli miraculum post inopinatam uictoriam considereantes, deli-
> berauimos statuere patrono et protectori nostro beatissimo Iacobo donum aliquod in
> perpetuum permansurum. Statuimos ergo per totam Hispaniam, ac uniuersi hispa-
> niarum partibus, quascumque Deus sub apostoli Jacobi nomine dignaretur a sarra-
> cenis liberare, uouimus obseruandum, quantinus de unoquonque iugo boum singu-
> le mensuri de meliori fruge ad modum primitiarum et de uino similiter ad ucitum
> canonicorum en ecclesia beati Jacobi.[7]

A partir de esta incipiente simbología castrense de Santiago, comienza a
articularse un nuevo imaginario hispano que pone de manifiesto el carácter
bélico del apóstol. Sin embargo, no será hasta que se redacte la *Historia Silense*
(1109-1118?) cuando tengamos por primera vez referencias textuales y pseudo-históricas sobre la presencia militar de Santiago en la toma de Coimbra.[8]
Curiosamente, siglos más tarde, durante el período de construcción nacional
decimonónico, la *España Sagrada* de Flórez también recoge este documento,
y lo glosa en la siguiente manera:

> Veenle los Españoles de su parte en un caballo blanco, Espada en mano, Estandarte
> en la otra, con una Cruz encarnada en campo blanco: la rienda ira suelta contra el
> Bárbaro y poderosos en la palabra de Santiago y á ellos, y en la obra de sus brazos,
> hecho el hijo del trueno rayo contra la media Luna, degollaron setenta mil Moros
> aquel día [...] y desde entonces resolvió el Reyno en Cortes, que en los despojos

---

[7]   Antonio Cristino Floriano, *Diplomática española del período astur: estudio de las fuentes documentales del reino de Asturias 718-910* Vol. I. (Oviedo: Diputación Provincial
de Oviedo/Instituto de Estudios Asturianos/Seminario de Investigación Diplomática,
1949). La traducción que sigue es mía: «Después de esta milagrosa e inesperada victoria debido a la aparición del apóstol Santiago, considero y debo establecer su patronazgo y protección y ofrecerle algún don perpetuo. Por eso declaramos para toda España y
otros lugares que el apóstol libere de los sarracenos que se otorgue cada año una medida de trigo y otra de vino para el mantenimiento de los clérigos y la iglesia de
Compostela».
[8]   La *Historia Silense* es el primer documento que hace referencia a Santiago Matamoros.
Véase la edición de Santos Coco, *Historia Silense* (Madrid: Rivadeneyra, 1919).

Militares se apartase una parte para el santo, teniéndole presente, no solo como á santo, sino como á Soldado.[9]

La autenticidad del voto fue debatida durante siglos, demostrada su falsedad y, finalmente, anulada su legalidad durante las Cortes de Cádiz el 12 de octubre de 1812. Su infundio se puede deducir de tres argumentos principales: primero, que la fecha retroactiva del documento no coincide con el reinado de Ramiro I;[10] segundo, que este privilegio, que se supone expedido en el siglo IX al parecer no lo conocía nadie puesto que no tenemos ninguna referencia textual a la batalla de Clavijo hasta bien entrado el siglo XII, cuando la *Crónica Najerense* (1160) hace un breve comentario, meramente retórico y estilístico, sobre la intervención de Santiago en tal batalla;[11] tercero, que la *Crónica de Alfonso III* (nieto de Ramiro I), redactada durante el reinado de Alfonso III (866-910), no menciona la legendaria batalla de Clavijo, ni el tributo de las doncellas, ni tampoco el polémico Voto de Santiago. Tampoco se hace relación a estos eventos, supuestamente sucedidos durante el siglo VIII, en la *Crónica de Sampiro* ni en la *Crónica Albeldense*. El *Breviario Lucense*, que precisamente destaca por su excesivo interés en recoger todos los milagros de Santiago sucedidos en tierras peninsulares hasta principios del XII, tampoco hace referencia a la batalla de Clavijo, de la misma manera que la *Historia Compostelana* tampoco menciona nada sobre el Voto de Santiago.

Los anacronismos del diploma son realmente obvios. Incluso, las rúbricas del supuesto documento histórico incluyen la de doña Urraca como la mujer de Ramiro I: *Ego Ranemirus, et a Deo mihi conjunta Urraca Regina*, aunque está hartamente demostrado que doña Urraca no fue esposa de Ramiro I, sino de Ramiro II. Todos los dignatarios que autografían el falso documento junto con Ramiro I nunca existieron o, en el mejor de los casos, no vivieron en aquella fecha en la que aseguran que firmaron el diploma. En realidad, hasta el

---

[9] Enrique Flórez de Setién y Huidobro, *España sagrada*, T. I, 4ª ed. Rafael Lazcano (Madrid: Editorial Revista Agustiniana, 2000), p. 170.

[10] El detallado estudio de Casariego sobre el *Diploma de Ramiro I* señala que durante el año 872 de la era hispánica (año 834 de la era cristiana), no reinaba en Asturias Ramiro I sino Alfonso II. Según Casariego, esto se quiso arreglar añadiendo una X a la primitiva fecha para subsanar el lapso de los falsificadores. Véase Jesús Evaristo Casariego, *Historias asturianas de hace más de mil años: edición bilingüe de las crónicas ovetenses del siglo IX y de otros documentos, op. cit.*, p. 285.

[11] Para una interpretación contemporánea que defiende la aparición de Santiago en la batalla de Clavijo remitimos al polémico libro de Julián Cantera Orive, *La batalla de Clavijo y la aparición en ella de nuestro patrón Santiago* (Logroño: Gobierno de la Rioja, Consejería de Educación, 1997).

Chronicon Mundi de Lucas de Tuy, escrito a finales del XII o principios del siglo XIII, no existe ningún texto que haga referencia ni a la batalla de Clavijo ni al Voto de Santiago. Empero, Lucas de Tuy asegura que

> Sanctiago apareçioles como les auia prometido, animando a los christianos a la batalla y firiendo reziamente en los sarrazines; mas los christinaos, como veyan a Sanctiago, esforçados en el Señor, començaron con grandes vozes a llamar, derrocando los moros por cuchillo, diziendo: Ayudenos Dios y Señor Sanctiago.[12]

En realidad, todas las discusiones sobre el Voto de Santiago forman parte, y no creo que se puedan o deban separar, de una trilogía de carácter quimérico que perduró durante siglos y tuvo su apogeo durante el Siglo de Oro con las apasionadas apologías de don Francisco de Quevedo. Esta trilogía está compuesta por la autenticidad del «voto», la «predicación» del apóstol Santiago en Hispania y la «traslación» de su cuerpo a Compostela.

La pregunta que surge ahora tiene que ver con los motivos por los cuáles se falsificó el *Diploma de Ramiro I*. Es sumamente irónico que la orden francesa de Cluny fuese la precursora, quizá con la finalidad de crear un aparato jurídico y fiscal que les beneficiase ideológica y económicamente, de este documento, que no tardaría mucho en empezar a crear fuertes sentimientos de francofobia. Fletcher advierte sobre la crisis episcopal que sufrió la ciudad de Compostela tras la muerte de Gelmírez entre los años 1140 y 1173 y propone que «it was probably in response to financial stringency that, about the middle of the century, a canon of Compostela named Pedro Marcio concocted a celebrated forgery know as the Diploma of Ramiro».[13]

Más convincente, sin embargo, parece ser la tesis de Ofelia Rey Castelao, quien identifica la finalidad del Voto con el intento de una unificación territorial por medio de la cobranza estatuaria de un impuesto.[14] Según indica Castelao, la redacción del privilegio de Ramiro no tendría como finalidad el construir una nueva renta de la nada, como parece señalar Fletcher, sino que su fin sería aquel de ejercer como base para dar impulso al proyecto unificador de

---

[12] De ahora en adelante cito de la primera traducción al castellano del *Chronicon Mundi* de don Lucas de Tuy llevada a cabo por Julio Puyol, *Crónica de España por Lucas, Obispo de Tuy: primera edición del texto romanceado, conforme a un códice de la Academia, preparada y prologada por Julio Puyol* (Madrid: Olózaga, 1926), p. 292.

[13] Richard Fletcher, *Saint James's Catapult. The Life and Times of Diego Gelmírez of Santiago de Compostela* (Oxford: Oxford University Press, 1984), p. 293.

[14] Ofelia Rey Castelao, *La historiografía del Voto de Santiago: recopilación crítica de una polémica histórica* (Santiago de Compostela: Servicio de Publicaciones, Universidad de Santiago, 1985), p. 9.

aquella amplia zona geográfica bajo un mismo impuesto común, el pago del Voto de Santiago.[15]

El *Diploma de Ramiro I* y el Voto de Santiago son sumamente importantes en el desarrollo y reconfiguración del fenómeno jacobeo, ya que es a partir de estos documentos cuando se construye retrospectivamente el imaginario simbólico del apóstol matamoros y se empieza a proferir el concepto de cruzada santa en España, institucionalizando con ello la violencia sacra como manifestación legítima de una identidad ahora visible a través del símbolo de Santiago Matamoros. El Voto de Santiago sirvió para fortalecer la iconografía bélica del apóstol como escudo y cabeza imperante de una empresa (re)conquistadora que, aunque se circunscribía exclusivamente a la península, se procuraba mostrar análoga a la de Jerusalén, intentando minimizar así su peculiar carácter de conflicto local.

Aunque casi nadie duda de que el *Diploma de Ramiro I* sea un documento falso y anacrónico, lo que sí es evidentemente cierto es la necesidad histórica de fortalecer una retroalimentación de co-legitimidad entre el apóstol y la aparición de una nueva monarquía, dentro de la fluidez que caracteriza de la idea de Hispania en la Edad Media. Con Alfonso III (886-910), hijo de Ramiro I, se termina la monarquía astur y emerge el reino de León; la presencia simbólica de Santiago en la batalla de Clavijo legitima el cambio dinástico y con ello una nueva idea del reino peninsular que emerge con el reinado de su hijo el rey Fruela II en el año 910.[16] Esta afinidad en el tiempo entre cambios dinásticos y apariciones escatológicas de Santiago va a ser una constante en las crónicas medievales, poniendo de manifiesto la filiación simbólica entre ambos iconos operantes (monarca y Santiago), al mismo tiempo que también pone en tela de juicio la idea de una cruzada santa durante la (re)conquista peninsular. Al señalar este aspecto, debemos tener en cuenta durante el análisis de los textos que el concepto de cruzada santa es menos flexible que la forma en que se ha articulado durante la historia occidental. En este sentido, Fletcher aclara que la cruzada santa

is a technical term [...] a campaign must be sponsored or blessed by the pope [...] the notion of warfare as spiritually meritorious[...] those who participate in it must

---

be shown to have enjoyed a special type of ecclesiastical privilege, the crusading indulgence and to have fortified their intention with a vow.[17]

Las primeras bulas papales apoyando la política compostelana de una cruzada santa en el territorio peninsular aparecen en la *Historia Compostelana*. Fletcher destaca que las bulas papales de Urbano II y de Pascual II empezaban a mostrar un incipiente interés por parte de Roma en parangonar las guerras en la península contra los moros con aquellas llevadas a cabo contra los musulmanes en Palestina y Siria. Sin embargo, no fue hasta 1123 cuando el papa Calixtus II declaró el carácter oficial de cruzada santa en la reconquista hispana.[18]

Gelmírez no tardó en subirse a este carro de combate ideológico y, durante un discurso pronunciado en el Concilio de Santiago en 1125, apoyó los intereses papales, declarando oficialmente que la reconquista española era perfectamente equiparable en todos los sentidos a la que se venía llevando a cabo en Palestina.[19] Conviene citar la perorata íntegra de Gelmírez inserta en la *Historia Compostelana*, ya que en su disertación se pone en evidencia por primera vez el concepto de cruzada santa en el territorio peninsular y, con ello, comienza una nueva forma de entender el conflicto cultural y político que se vivía en la península:

> Así pues, abandonando las obras de las tinieblas y el insoportable yugo del diablo, dediquémonos a las obras de la justicia y vistamos todas las armas de la luz según el consejo del apóstol y, del mismo modo que los soldados de Cristo, fieles hijos de la santa Iglesia, abrieron con mucho esfuerzo y mucho derramamiento de sangre el camino hacia Jerusalén, del mismo modo también nosotros hagámonos caballeros de Cristo y vencidos sus enemigos, los pésimos sarracenos, abramos hasta el mismo sepulcro del Señor con ayuda de su gracia un camino que a través de las regiones de España es más breve y mucho menos laborioso. Y todo aquel que quisiere participar en esta milicia, haga examen de todos sus pecados y apresúrese de ir a la verdadera confesión y verdadera penitencia y, tomando después las armas, no se retrase en marchar a los campamentos de Cristo para servicio de Dios y remisión de sus pecados [...] lo absolvemos por la autoridad de Dios omnipotente y de los santos Apóstoles Pedro y Pablo y Santiago y de todos los santos y de todos sus pecados.[20]

La transformación de Santiago Apóstol en Santiago Matamoros estaba servida. Con estas declaraciones oficiales de Gelmírez empezó a desarrollarse una

---

[17] Richard Fletcher, *St. James's Catapult, op. cit.*, p. 297.
[18] *Ibíd.*, p. 298.
[19] *Ibíd.*, p. 295.
[20] *Historia Compostelana*, ed. Emma Falque (Madrid: Ediciones Akal, 1994), p. 454.

nueva idea de Hispania que, a través de otro texto fundacional del culto jacobeo —el *Codex Calixtinus*—, apostaba por la inclusión de Hispania dentro de
un proyecto ideológico de naturaleza ultra pirenaica. Ya no parece importar el
hecho de si Santiago estuvo o no en la península Ibérica; la misma *Historia
Compostelana* (1110), escrita posiblemente por los franceses Hugo y Giraldo
bajo el encargo del obispo Gelmírez a principios del siglo XII, ni siquiera menciona la venida o predicación del apóstol en tierras peninsulares. El Santiago
que se muestra en auge a principios del siglo XII, y con él su afín idea de
Hispania, está más vinculado con el legado de los intereses cluniacenses que
con la singularidad de una región apostólica de rasgos locales.

El *Codex Calixtinus*[21] y el prototipo *Liber Sancti Jacobi* fueron redactados
en el último tercio del siglo XII, poco después de la muerte del obispo Gelmírez
de Compostela. Conviene señalar que el *Liber Sancti Jacobi* es anterior al
Codex Calixtinus que se encuentra en la catedral compostelana y consta de
cinco libros.[22] El libro I contiene la epístola apócrifa del papa Calixto II, así
como la liturgia en honor a casi todos los santos romano-apostólicos. El libro
II es en el que se recogen todos los milagros de Santiago y sobre el que cabe
destacar el silencio total con respecto a la aparición de Santiago en la famosa
batalla de Clavijo. El libro III narra la predicación y la *translatio* del cuerpo de
Santiago a Compostela. El libro IV es la fábula de Carlomagno y Roldán escrita por el pseudo Turpín. Y por último, el libro V es la guía instrumental para el
peregrinaje a Compostela, señalada por Sánchez Dragó como «una guía para
turistas *avant la lettre*».[23]

Aquellos que atribuyeron el prólogo del *Codex Calixtinus* al papa Calixto
II eran conscientes de la oportunidad que ofrecía la reciente muerte del papa en
1124 unos años antes de que se publicara el texto. A la misma vez que la coin-

---

[21] Estoy utilizando la edición castellana de A. Moralejo y C. Torres, *Liber Sancti Iacobi
Codex Calixtinus* (Santiago de Compostela: Consejo Superior de Investigaciones
Científicas/Instituto Padre Sarmiento de Estudios Gallegos, 1951). Otra obra de gran
calidad es la de Walter Muir Whitehill, *Liber Sancti Jacobi Codex Calixtinus* (Santiago
de Compostela: Seminario de estudios gallegos, 1944).

[22] Para evitar la confusión, cabe señalar que en 1911 Joseph Bédier —en *Les Légendes
Epiques: recherches sur la formation des chansons de geste* (Paris: H. Champion, 1908-
1913)— estableció fuera de cualquier duda la falsedad de la autoría de la *Crónica de
Turpín*. Este autor se dio cuenta de que ésta pertenecía a una compilación del siglo XII
que incluía sermones, milagros, la *translatio* y una detallada guía para el peregrinaje a
Compostela. Bédier dio el nombre de *Liber Sancti Jacobi* a toda esta compilación en su
conjunto. Partiendo de este prototipo hay muchos manuscritos que reproducen alguna
parte e incluso la totalidad del *Liber*, siendo el más antiguo que se conserva el *Codex
Calixtinus*.

[23] Fernando Sánchez Dragó, *La historia mágica del Camino de Santiago, op. cit.*, p. 10.

cidencia histórica servía para legitimar la autoría del códice, ya que Calixto II fue hermano de Raimundo, conde de Galicia e íntimo amigo de Diego Gelmírez, primer arzobispo de Compostela y responsable de la *Historia Compostelana*. El *Codex Calixtinus* parece ser otro fraude de primer orden típico del siglo XII: una mezcla extraña de quimeras y falsas atribuciones con un fin claramente definido para promover el culto y la peregrinación a Compostela, destinado a servir a los santuarios de la orden de Cluny existentes a lo largo del Camino. En el prólogo introductorio del *Codex Calixtinus* se encuentra la carta del pseudo papa Calixto II, que no deja ninguna duda al respecto:

> Calixto Obispo, siervo de los siervos de Dios, a la muy venerable comunidad de la basílica cluniacense, sede de su elección apostólica, y a los ilustrísimos señores Guillermo, patriarca de Jerusalén, y Diego, Arzobispo de Compostela y a todos los fieles salud y bendición apostólica en Cristo [...] así pues, todo el que con vanos argumentos o vacuas disputas quite valor a lo que este libro contiene, o lo desprecie, o se atreva a hablar contra él, sea anatema con Arrio y Sabelio. Salud a todos en el Señor. Dada en Letrán a trece de enero.[24]

El arrianismo que condena el pseudo papa Calixto II está señalado en la *Clave historial* de Enrique Flórez como una herejía que «no pudo desarraigar la Iglesia por espacio de 300 años», y que desafiaba el poder ideológico del papado en la Hispania visigoda entre los siglos IV y VII.[25] La atribución del códice al papa Calixto II fue una simple estrategia cluniacense para conferir autoridad papal al texto, condenar las herejías de los disidentes cristianos y sacralizar los actos de violencia que se pregonaban en los milagros de Santiago en el libro II del códice.

El segundo libro del *Codex Calixtinus* contiene todos los milagros de Santiago, entre los que se narra la transformación taumatúrgica de Santiago Apóstol en Santiago Matamoros como respuesta a la amenaza musulmana y a la súplica de unos aldeanos gallegos que, frente a la incrédula crítica de un ex-obispo griego —representante simbólico de la cristiandad más ortodoxa—, le pedían auxilio militar al apóstol de Cristo:

---

[24]   *Liber Sancti Jacobi Codex Calixtinus, op. cit.*, pp. 1-5.
[25]   Enrique Flórez de Setién y Huidobro, *Clave historial con que se abre la puerta à la historia eclesiástica y política, cronología de los papas, y emperadores, reyes de España, Italia, y Francia, con los orígenes de todas las monarquías: concilios, herejes, santos, escritores, y sucesos memorables de cada siglo* (Madrid: Editorial de Viuda de Ibarra, hijos, y compañía, 1786), p. 80.

—Santiago, buen caballero, líbranos de los males presentes y futuros. Y el santo hombre de Dios (el ex-obispo griego) llevando a mal que los aldeanos llamasen al Apóstol caballero les increpó diciendo: —Aldeanos tontos, gente necia, a Santiago debéis llamarle pescador y no caballero.[26]

La súplica desesperada de los aldeanos gallegos respondía al caos presente en la época y a la necesidad de poseer un símbolo bélico de esencia sobrenatural que pudiese ayudarlos a combatir la ocupación musulmana. Esta idea se enmarcaba dentro de un clima apocalíptico útil para liberar a Hispania de los terribles acontecimientos sucedidos en el año 711. La analogía entre la transformación de Santiago en el *Codex Calixtinus* y la representación de la segunda llegada del Mesías conforme se narra en el *Libro del Apocalipsis* de san Juan es evidente:

Vi el cielo abierto; y he aquí un caballo blanco, y el que lo montaba se llamaba Fiel y Verdadero, y con justicia juzga y pelea [...] de su boca sale una espada aguda, para herir con ella a las naciones [...] y en su vestidura y en su muslo tiene escrito este nombre: Rey de Reyes y Señor de Señores [...] y vi a la bestia, a los reyes de la tierra y a sus ejércitos, reunidos para guerrear contra el que montaba el caballo, y contra su ejército. Y la bestia fue apresada, y con ella el falso profeta [...] y los demás fueron muertos con la espada que salía de la boca del que montaba el caballo.[27]

Recordemos que el principal objetivo de este libro, el único profético del Nuevo Testamento, era consolar a los cristianos en las continuas persecuciones que los amenazaban, despertar en ellos la bienaventurada esperanza y preservarlos de las falsas doctrinas de la época. Otro objetivo del libro de san Juan era el presentar una visión de las catástrofes que han de sufrir los cristianos antes del triunfo de Cristo. Debido a las similitudes con el Apocalipsis de san Juan, la representación taumatúrgica de Santiago no tuvo problemas en ser asociada con una visión escatológica de carácter eminente destinada a la extirpación del mal de la vida de los cristianos y a la restauración de la cristiandad en Hispania. La presencia de Santiago en Galicia era una clara evidencia de que Dios había perdonado a los reinos hispanos de los pecados de sus reyes.

Comparemos la cita anterior del Apocalipsis de san Juan con la descripción que Enrique Flórez hace de la aparición de Santiago en la batalla de Clavijo. No hay duda de que Flórez tiene como modelo el libro de san Juan en su descripción de la batalla contra los musulmanes en la que participó el rey Ramiro:

---

[26] *Liber Sancti Jacobi, op. cit.*, p. 375.
[27] Libro del Apocalipsis (XIX: 11-19). El libro de san Juan también es conocido como Libro de las Revelaciones de Jesucristo, es el último libro del Nuevo Testamento. Online de <http://www.geocities.com/origo_es/apocalipsis.htm>.

Veenle los Españoles de su parte en un caballo blanco, espada en mano, estandarte en la otra, con una cruz encarnada en campo blanco: la rienda ira suelta contra el Bárbaro y poderosos en la palabra de Santiago y á ellos, y en la obra de sus brazos, hecho el hijo del trueno rayo contra la media Luna, degollaron setenta mil Moros aquel día [...] y desde entonces resolvió el Reyno en Cortes, que en los despojos militares se apartase una parte para el santo, teniéndole presente, no solo como á santo, sino como á Soldado.[28]

Mientras, en libro de los *Hechos de los Apóstoles* solo tenemos una breve narración del martirio de Santiago en Jerusalén y de la persecución de sus discípulos:

King Herod arrested some members of the Church in order to mistreat them, he had James, the brother of John, put to the sword, and when he saw that that pleased the Jews, he proceeded to arrest Peter too.[29]

En el *Libro Apócrifo de los Hechos de los Apóstoles* destacan otras cualidades escatológicas en la representación de Santiago, que lo asocian carnal y espiritualmente con Cristo y con el mensaje del Apocalipsis. François Bovon señala que Santiago y san Juan eran «Christ's disciples par excellence, the apostles form a carnal bridge between the heavenly and earthly realms; they are living links between divine and human life».[30]

Cuando se redacta el *Codex Calixtinus* se tiene en cuenta el Apocalipsis de san Juan y se intenta asociar al falso profeta con Mahoma y al fin del mundo con la amenaza que presentaba el avance de la fe islámica en la península. A raíz de esta analogía se creó la necesidad de un nuevo Mesías capaz de liberar a los españoles del yugo islámico que los condenaba a las llamas del infierno. La imagen apocalíptica de Santiago en un caballo blanco respondió a esa necesidad y se articuló como la única posibilidad de combatir al anti-Cristo que personificaba Mahoma. El nuevo Mesías venido del cielo para hacer justicia divina se presenta como el «rey de los reyes hispanos», legitimando así la autoridad recíproca que se establece entre ambos líderes, que se reconocen y necesitan mutuamente: uno de carácter divino-militar —Santiago—, y otro político e ideológico —el rey—.

---

[28]   Enrique Flórez de Setién y Huidobro, *España Sagrada* T. I, 4ª ed. Rafael Lazcano (Madrid: Editorial Revista Agustiniana, 2000), p. 170.
[29]   *The Acts of the Apostles*, eds. Joseph A. and Fitzmyer S. (New York: The Anchor Bible Doubleday Publishing Group, 1997), pp. 12: 1-3.
[30]   «Introduction», *The Apocryphal Acts of the Apostles*, eds. Francois Bovon, Ann Graham Brock, y Christopher R. Matthews (Cambridge: Harvard University Press, 1999), p. ix.

El libro IV del *Codex Calixtinus* es el que contiene la llamada crónica *Pseudo Turpín*, atribuida al arzobispo de Reims y que narra la *Historia Karoli Magni et Rotholandi.* Ésta es una historia totalmente ficticia de las guerras que nunca sostuvo Carlomagno en España contra los sarracenos. El autor de la crónica, hasta ahora anónimo, nos cuenta que fue testigo de las grandes hazañas del emperador en España. La leyenda, convertida en realidad histórica por su presencia en el *Liber Sancti Jacobi*, intenta mostrar la legitimidad del fenómeno jacobeo a través de su asociación con la figura del emperador franco. El texto comienza declarando la presencia y la *translatio* de Santiago a España, así como la supuesta relación que, en términos mesiánicos, se establece entre el apóstol Santiago y Carlomagno:

> El gloriosísimo apóstol de Cristo, Santiago, mientras los otros apóstoles y discípulos del Señor fueron a diversas regiones del mundo, predicó el primero, según se dice, en Galicia. Después, sus discípulos, muerto el apóstol por el rey Herodes y trasladado su cuerpo desde Jerusalén a Galicia por mar, predicaron en la misma Galicia; pero los mismos gallegos, dejándose llevar por sus pecados, abandonaron la fe hasta el tiempo de Carlomagno, emperador de los romanos, de los franceses, de los teutones y de los demás pueblos, y pérfidamente se adaptaron a ella.[31]

Seguidamente, el autor anónimo nos narra cómo Santiago se le apareció a Carlomagno y lo dirigió a su sepulcro en Compostela, pidiéndole que liberara a España de los invasores sarracenos: «enseguida [Carlomagno] vio en el cielo un camino de estrellas que empezaban en el mar de Frisia y, extendiéndose entre Alemania e Italia, pasaba entre Galia [...] hasta Galicia, en donde se ocultaba desconocido en cuerpo de Santiago».[32] La historia *Pseudo Turpín* concede el crédito del hallazgo del sepulcro a Carlomagno, dando lugar a una unión simbólica que justifica la creación y el patronazgo del Camino de Santiago por los monjes cluniacenses.

Las fabulaciones de la crónica *Pseudo Turpín* nos alejan de comprender los hechos históricos relativos al reinado de Carlomagno durante el siglo VIII; sin embargo, su inclusión en este estudio nos permite analizar los programas ideológicos y políticos del siglo XII al preguntarnos por qué y con qué fines se escribió esta historia. La rivalidad existente entre el papado y los Estados emergentes puede explicar el proyecto implícito detrás de la crónica, ya que el emperador se muestra como el líder de un Estado en construcción que se arropa bajo el amparo de Dios y de los apóstoles de Cristo, otorgando así legitimidad a su empresa política y militar. La aparición de Santiago a Carlomagno se

---

[31] *Liber Sancti Jacobi*, cap. I, *op. cit.*, p. 407.
[32] *Ibíd.*, p. 408.

presenta a través de una escenografía profética, en la cual el icono operante de Santiago legitima la presencia militar del imperio carolingio y, por ende, la posterior colonización monástica de Cluny. El encuentro entre Santiago y Carlomagno, después de que este último descubriese el sepulcro del apóstol en la crónica *Pseudo Turpín*, está narrado en la siguiente manera:

¿Quién eres, señor? Yo soy —contestó- Santiago Apóstol, discípulo de Cristo, hijo de Zebedeo, hermano de Juan Evangelista [...] al que mató por la espada el rey Herodes, y cuyo cuerpo descansa ignorado en Galicia, todavía vergonzosamente oprimida por los sarracenos [...] ahora, pues, marcha cuanto antes puedas, que yo seré tu auxiliador en todo; y por todos tus trabajos te conseguiré del Señor en los cielos una corona, y hasta el fin de los siglos será tu nombre alabado.[33]

Después de leer la crónica *Pseudo Turpín* no cabe ninguna duda de que el *Codex Calixtinus* fue parte de un programa ideológico que pretendía introducir elementos francos en las tradiciones compostelanas durante el último tercio del siglo XII y que sirvió para ratificar y validar todo cuanto había sido parte de una política propagandística de carácter didáctico. La intención era proteger los intereses del Papado en la península, cultivados desde principios de siglo por el obispo Gelmírez en su *Historia Compostelana*. Así pues, el *Liber Sancti Jacobi* y, por extensión, el *Codex Calixtinus*, son otra mezcla sutil de propaganda ideológica y manipulación histórica, en donde la realidad y la fantasía se entremezclan con el fin de poder mantener la confianza del lector a lo largo del texto.

Sin embargo, el proyecto cluniacense empezó a disolverse con el tiempo y, a mediados del siglo XVII, un canónigo archivero de la catedral compostelana, Alonso Rodríguez de León, quien al parecer nos deja dudas sobre si era más devoto de Santiago o de la verdad histórica, arrancó todas las páginas del códice que contenían la crónica *Pseudo Turpín* en donde se relaciona la figura del emperador con el descubrimiento del sepulcro. Aparentemente dos motivos pudieron llevar al canónigo a arrancar las hojas del *Codex Calixtinus* que contenían la crónica francesa: bien el intentar disociar la figura de Carlomagno del descubrimiento del sepulcro y de la reconquista, con la intención de acopiar las glorias en el seno castellano; o bien, que la falsedad de la crónica de Turpín fuese tan conocida en el siglo XVII que decidió arrancarla para proteger la reputación y la todavía estable veracidad histórica del resto del *Codex Calixtinus*. Walter Whitehill señala que «los dos manuscritos fueron foliados separadamente [...] se forjó un *incipit liber* III Sancti Jacobi para el libro V, el *quintus*

---

[33] *Ibíd.*, p. 408.

del explicit se cambió en *quartus* y se aderezó una nueva página titular para Turpín».[34]

De *Seigneur* Jacques a Santiago Matamoros: cuando Dios decidió ser español

Desde principios del siglo XII y hasta mediados del XIII, en pleno auge de la (re)conquista territorial y formación de las fronteras feudales en la península Ibérica, empieza a articularse una nueva idea de Hispania que se apropia y resemantiza el símbolo jacobeo para afirmar una españolidad con fuertes brotes de francofobia. La primera crónica a considerar en este estudio es la *Historia Silense*, supuestamente escrita en el monasterio de Santo Domingo de Silos entre 1109 y 1118 por el obispo don Pedro de León. Hemos decidido incluir esta crónica en el estudio por cuatro motivos: 1) Fernando I fue el primer rey en la primera unión del reino León-Castilla, por lo que el reconocimiento simbólico de esta nueva autoridad política está acreditado por su íntima relación con el culto al apóstol Santiago; 2) ésta es la primera crónica (anterior al *Codex Calixtinus*) en la que aparece Santiago Matamoros, más allá del plano iconográfico y en plenas funciones bélicas, dentro de una narrativa de admirable calidad; 3) en la crónica también aparece la figura escatológica de san Isidoro pidiendo al rey leonés que su cuerpo fuese trasladado a la ciudad de León;[35] 4) toda la crónica está caracterizada por fuertes sentimientos de francofobia, que reflejan la necesidad no sólo de crear una identidad hispana, sino de articularla en oposición a la musulmana y también a la francesa.[36]

---

[34] Walter Muir Whitehill, Introducción, *Liber Sancti Jacobi Codex Calixtinus, op. cit.*, p. xviii.

[35] La *Historia Translationis Sancti Isidori* narra la traslación de los restos de san Isidoro desde Sevilla a León. El texto ha sido recientemente editado por Luis Charlo Brea. La *Translationis*, señala Charlo Brea, maneja como fuente principal la *Historia Silense* y las *Actas de la Traslación*; tanto es así que «a excepción hecha de los milagros con los que se adora el final del relato, prácticamente todo lo demás está sacado de estas dos fuentes. Muy a menudo tomadas de forma literal». *Chronica hispana saeculi XIII*, ed. Luis Charlo Brea Luis (Turnhout: Brepols Publishers, 1997), p. 129.

[36] Sobre el debate acerca de la autoría de la *Historia Silense* entre Antonio Blázquez (1859-?) y Amador de los Ríos (1818-1878), véase la introducción de Pérez de Urbel y Ruiz Zorrilla: «Desde el siglo XVI nos hablan los eruditos [se refiere a Pedro de Mejía] con poca precisión y claridad de una crónica del reinado de Alfonso VI, que consideran obra de don Pedro de León, obispo de León entre el año 1087 y 1112». *Historia Silense*, eds. Justo Pérez de Urbel, O. S. B. y Atilano González Ruiz Zorrilla (Madrid: Imprenta de Aldecoa, 1959), p. 7.

La *Historia Silense* empieza con las *laudes hispaniae*, que sirven para construir una imagen de Hispania en la cual se ensalzan y mitifican las magnificencias de su pasado godo, dentro de una tradición letrada interrumpida de manera apocalíptica por la invasión árabe-islámica del año 711. El autor de la crónica parangona el silencio por parte de los cronistas hispanos a raíz de la ocupación musulmana con un paréntesis histórico que momentáneamente interrumpió el destino providencial de Hispania. Este concepto del destino medieval en la crónica está marcado constantemente por la idea agustiniana de una historia providencial universal y lineal, que tiene como fin el establecimiento de la Ciudad de Dios. El cronista de Silos nos narra que:

En otro tiempo, cuando España florecía fecundamente en todas las disciplinas liberales, y los que sentían sed de saber consagrábanse en ella por doquiera a estudios literarios, al invadirla fuertes bárbaros, desvaneciose el estudio junto con la enseñanza. Llegada esta penuria, faltaron escritores y las hazañas de los españoles se pasaron en silencio.[37]

La cita anterior nos muestra cómo el autor de la *Historia Silense* comienza narrando el texto con una retórica similar a la de un cuento de hadas, evocando un pasado protonacional que mitifica Hispania en un tiempo remoto y abundante de glorias, similar a las descripciones del paraíso terrenal, dando la impresión de que Hispania siempre ha existido como una comunidad letrada capaz de transmitir su pasado histórico de generación en generación. No obstante, una detallada lectura de la crónica refleja una realidad algo diferente. El autor de la *Historia Silense* nos está narrando un momento histórico que le ha tocado vivir. Los síntomas de ansiedad por parte del autor son evidentes en la lectura de la crónica y podemos asociarlos con el dinamismo político y el caos social y político presente a lo largo de las fronteras leonesas durante el siglo XII. El cronista nos dice que va a dedicar la obra al emperador ortodoxo Alfonso VI; sin embargo, el texto termina justo cuando empieza a reinar

---

La tesis doctoral escrita por Francisco Santos en 1921 es también extremadamente útil para acercarse al debate sobre la autoría del texto: «Pretendemos en ésta dar el texto más apropiado al original de la crónica de Alfonso VI, generalmente llamada *Silense*, aunque, en realidad, ni ella narra tal reinado ni puede con certeza atribuirse a un monje del monasterio de Silos». Introducción, *Historia Silense*, ed. Francisco Santos Coco (Madrid: Rivadeneyra, 1919), p. v.

[37] En este trabajo estoy utilizando la única traducción que existe al castellano, la de M. Gómez Moreno, *Introducción a la Historia Silense con versión castellana de la misma y de la Crónica de Sampiro* (Madrid: Est. tipográfico sucesores de Rivadeneyra, 1921), p. 1. Los números que refieren a las citas corresponden a la paginación del texto latino, según la edición del Centro de Estudios Históricos.

Alfonso y todo lo que queda narrado es la ya conocida ascendencia goda, a lo que el autor añade las hazañas de su padre, el rey Fernando.

Cabe recordar que Fernando I tomó el título de rey de Castilla cuando murió su padre, el rey Sancho Garcés III de Navarra (1004-1035), quien previamente había unido el condado de Castilla a Navarra al ser asesinado su cuñado García Sánchez de Castilla; muerto también Bermudo III de León en 1037, y sin dejar sucesión en el reino, tomó el trono Fernando I, quien era su cuñado, convirtiéndose así en el primer rey de la primera unión entre León y Castilla en el año 1037.

Ideológicamente, el autor considera que el reino de León es el depositario de la continuidad de la realeza goda y presenta a su monarquía como descendiente directa de Recaredo. Su estrategia consiste en utilizar las apariciones de Santiago y la presencia del cuerpo de san Isidoro para legitimar la hegemonía del reino leonés sobre los demás reinos hispanos. Esta idea de Hispania a través de una imagen de León y Castilla unida bajo la hegemonía leonesa se construye no solamente en oposición a la amenaza de los avances musulmanes, sino también frente a Navarra, Francia y las aspiraciones de independencia de Castilla.

El reino de Navarra se representa en la *Historia Silense* como una provincia sin mayor importancia, en donde el rey Sancho peca de gula y pereza. El cronista nos dice que «como estaba demasiado gordo, los mismos agarenos le dieron una yerba y quitaron de su vientre la gordura».[38] La identidad leonesa, tan marcada por el código del honor caballeresco y la defensa de la cristiandad de Fernando I, también se construye en el texto en oposición al conde de Castilla, Fernán González, a quien se le acusa de traidor y mal cristiano, ya que «junto con Diego Muñoz ejercieron tiranía contra el rey don Ramiro, y aun prepararon la guerra».[39] Al mismo tiempo, el autor de la crónica descarga fuertes sentimientos de francofobia a lo largo del texto con enérgicas representaciones negativas de los francos, a quienes se acusa de ser herejes y de estar «empeñados en destruir el culto divino».[40]

El autor niega rotundamente todo cuanto se narra en la *Pseudo Turpín* del *Codex Calixtinus* y nos asegura que Carlomagno nunca mantuvo guerras en la península ni ayudó a los reinos cristianos a liberarse de la opresión musulmana; todo lo contrario, el silense describe al emperador franco como un ser despreciable, disfrazado de oro y pecando de lujuria y vanidad. Los francos, según

[38] *Historia Silense, op. cit.*, p. 55.
[39] *Ibíd.*, p. 52.
[40] *Ibíd.*, p. 4.

son representados en la *Historia Silense*, no hicieron nada en absoluto para liberar a España del yugo islámico.[41]

Al principio de la crónica, como ya era de esperar, se menciona la obra y la vida de san Isidoro, a quien se utiliza a lo largo del texto como fuente autorial de sus narraciones. El autor de la *Historia Silense* remite a san Isidoro para justificar la cronología histórica de Hispania, asegurando que san Isidoro recopiló toda la historia universal, desde la creación del mundo hasta la época de los visigodos, y que la España del momento es parte inseparable de esa historia universal. Todo lo que nos cuenta está legitimado por la docta autoridad del santo sevillano, puesto que todas las historias están escritas «en el libro del bienaventurado Isidoro, que, entre otros catorce dados a luz por él sobre las hazañas de vándalos, suevos y godos, diligentemente compuso».[42] Al final de la *Historia Silense* el cronista nos dice que san Isidoro se le apareció a la comitiva que Fernando había mandado a Sevilla para recuperar el cuerpo de la santa Justa y les indicó el lugar donde él mismo estaba sepultado, pidiéndoles que lo trasladaran a León. Las implicaciones ideológicas del traslado de los restos de san Isidoro a León son cruciales para proyectar la sacralización del Camino de Santiago:

Apareciósele cierto varón cubierto de venerables canas, vestido con ínfula pontifical y hablándoles en tal forma dijo: «Sé de cierto que tú y tus compañeros vinisteis expresamente para conducir con vosotros, llevándolo desde aquí, el cuerpo de la beatísima Virgen Justa. Mas porque no es voluntad divina que esta ciudad sea desamparada con el apartamiento de esta Virgen, la inmensa piedad de Dios, que no consiente despediros de vacío, os ha concedido mi cuerpo, llevando el cual regresad a vuestra tierra».[43]

Tras el traslado de sus restos a León, este centro político adquirió un mayor prestigio peninsular. La historiadora compostelana Emma Falque señala que «tras el traslado de los restos de san Isidoro desde Sevilla en 1063 [la de León] se había convertido, después de Santiago de Compostela, en la iglesia más importante en el camino de las peregrinaciones».[44] La parte más significativa de la *Historia Silense* para nuestro estudio es el episodio donde se narra la bata-

---

[41] La edición de Pérez de Urbel dice que «(el autor) era seguramente español, y tan fuerte sentía las glorias de su patria, que el nacionalismo le hace injusto con los franceses», *op. cit.*, p .88.
[42] *Historia Silense, op. cit.*, p. 6.
[43] *Ibíd.*, p. 82.
[44] «Lvcae Tvdensis Chronicon Mvndi» Intro. *Corpvs Christianorvm: Continuatio Mediaevalis LXXIV, Lvcae Tvdensis Ópera Omnia Tomvs I* (Turnhout: Brepols Publishers, 2003), p. ix.

lla y conquista de Coimbra (Portugal). La historia comienza con la plegaria del rey Fernando I, quien «se dirigió en rogativa a las puertas del bienaventurado Santiago Apóstol [...] y pedía que el apóstol fuese intercesor por él ante la Majestad Divina».[45] Sus oraciones fueron escuchadas y la crónica nos cuenta que durante la batalla «peleaba el rey Fernando en Coimbra con la espada material, y para lograrle victoria Santiago, militar de Cristo, no cesa de interceder junto al Maestro».[46] El vínculo que se establece entre el rey Fernando I y el apóstol Santiago legitima, junto con la mitificación territorial que supone el depositar los restos de san Isidoro en León, una nueva idea de Hispania que, mediante las hierofanías presentes en el Camino de Santiago, se articula como una restauración leonesa. El cronista de la *Historia Silense* es consciente de esta agenda política del rey y nos dice que, después de traer el cuerpo de san Isidoro a León,

> Fernando se detuviese en su solio de León defendiendo y ampliando así como exhortando el reino, celebrado consejo general de sus magnates a fin de que después de su muerte a ser posible llevasen vida pacífica entre sí [...] no menos se esmeró en exornar la iglesia del bienaventurado Santiago con diversos dones.[47]

Este aval mutuo de autoridad político-militar entre el rey Fernando y el apóstol Santiago se vuelve a articular más avanzado el texto en la visión que de tal hecho tuvo un peregrino griego durante su visita a la catedral de Compostela. En la *Historia Silense* Santiago se presenta de forma diferente y con atributos de capitán hispano. El peregrino griego había venido desde Jerusalén hasta Santiago para rendir homenaje al apóstol peregrino, y como «ya poseyese un poco nuestro lenguaje, oye a los indígenas que entraban a menudo al Santo Templo, por causa de sus necesidades, importunar los oídos del Apóstol llamándolo buen militar».[48] Sin embargo, el incrédulo peregrino, durante su estancia en la catedral compostelana, asistió a la mutación de Santiago y pudo ver con sus propios ojos al santo apóstol, guerrero y capitán de las tropas leonesas a quien él mismo había negado la noche anterior. Santiago, señalándole una llaves que llevaba en la mano, le dijo: «ayer, burlándote de los piadosos deseos de los suplicantes, creías que yo nunca fuera militar valentísimo»; y de repente, apareció un caballo blanco de dimensiones sobrenaturales en el pórtico de la catedral que iluminaba con su resplandor toda la nave, «subiéndose Santiago al caballo y enseñando las llaves hizo saber al

---

45 *Historia Silense, op. cit.*, p. 74.
46 *Ibíd.*, p. 75.
47 *Ibíd.*, pp. 87-88.
48 *Ibíd.*, p. 75.

peregrino que había de entregar al día siguiente, cerca de las nueve de la mañana, la ciudad de Coimbra al rey Fernando».[49]

A raíz de este acontecimiento, el peregrino griego se convirtió en la voz
pública anunciadora de tal milagro y fue a través de su testimonio como tenemos noticia de la transformación de Santiago Apóstol en Santiago Matamoros.
Después de que el devoto peregrino anunciase a los cuatro vientos la aparición
de Santiago Matamoros, fue el alguacil de Coimbra, Sisnando, quien se convirtió al cristianismo y entregó las llaves de la ciudad al rey Fernando.
Sisnando, según indica el historiador Antonio Blázquez, «al incorporarse otra
vez a sus hermanos católicos y cristianos, quiso, sin duda, realizar algún acto
público y notorio implorando al apóstol Santiago, de cuyo culto se había separado».[50]

La *Chrónica Adefonsi Imperatoris*[51] (posiblemente escrita en 1147) es otro
texto que muestra la reconfiguración del símbolo jacobeo durante el reinado de
Alfonso VII (1126-1157), nieto de Alfonso VI e hijo de la reina doña Urraca.
El cronista anónimo se refiere a Alfonso VII como *Rex Legionis* o *Imperator
Legionensis*, pero nunca como *Rex Castellae*. De Castilla nos cuenta poquísi-
mo y solamente parecen interesarle las guerras con Alfonso I el Batallador.[52]
El texto es otra obra ideológica, cuyo principal objetivo es mostrar la capacidad de actuación política de Alfonso VII en la consolidación interna del reino
de León-Castilla, al mismo tiempo que intenta glorificar su portentosa actividad militar en la guerra contra los sarracenos.

Esta doble finalidad del texto es quizá lo que pueda explicar la forma anti-
metódica en la que se agrupan los hechos narrados: éstos no parecen estar agru-
pados por un orden cronológico, sino más bien en torno a un proyecto ideológico de carácter político-militar.

La monarquía leonesa consiguió integrar una doble autoridad, de tipo tanto
político —gracias al prestigio de la figura del monarca y a su poder efectivo-,
como simbólica —cuyo eje era el símbolo de Santiago y su asociación indiso-

---

[49] *Ibíd.*, p. 76.
[50] Para más información, véase Antonio Blázquez y Delgado Aguilera, *Estudios de historia y crítica medioevales: el silense, su crónica y sus colaboradores, el privilegio del
voto de Santiago; la crónica de Alfonso III* (Madrid: Imp. del Real Monasterio de El
Escorial, 1925), p. 18.
[51] Al rey Alfonso VII se le conoce como Emperador porque después de las campañas bélicas contra Alfonso I el Batallador, García de Navarra y Ramón Berenguer IV de
Barcelona, todos ellos le prestaron vasallaje, siendo coronado emperador de España.
[52] Todas las citas de la *Chrónica Adefonsi Imperatoris* se refieren a la paginación del tra-
ductor y provienen de la traducción y edición de Maurilio Pérez González, *Chrónica
Adefonsi Imperatoris* (León: Universidad de León, 1997).

luble con el reino de León—. Esta hegemonía leonesa jugó un papel fundamental en la consolidación de la idea de Hispania Alfonso VII fue hijo de doña
Urraca (hija de Alfonso VI) y de su primer marido, Raimundo de Borgoña, con
lo cual estamos ante otro cambio dinástico a favor de la Casa de Borgoña, la
cual está representada ideológicamente por su vínculo directo con la legitimidad político-religiosa que emana de su relación con el apóstol Santiago.

El cronista del texto nos dice que es contemporáneo de los hechos narrados,
que los ha vivido de primera mano, aunque quizá no fuese testigo de todos
ellos. Por un lado, tenemos la subjetividad histórica de narrar los hechos pre-
senciados y, por otro lado, la aparente tendencia del autor de intentar compla-
cer al emperador en la descripción de todos los eventos narrados. Fletcher
señala la ausencia en esta crónica de cualquier intento de legitimación de la
ascendencia goda del rey Alfonso VII, y lo justifica observando que «our chronicle was less concerned with legitimacy and orthodoxy than with the all-con-
suming task of taking the fight to the Muslim Almoravids and their allies».[53]

De especial interés para este trabajo es el análisis de la segunda parte de la
crónica, la cual se ocupa de narrar las batallas de Alfonso VII contra los
musulmanes y contra los navarros, articulando en esta manera un concepto de
identidad hispano-leonesa que se representa en oposición a ambas fronteras,
norte y sur, del reino leonés. El simbolismo sacro de Santiago es fundamental
para legitimar en el texto la idea imperial del reino de León. Casi todos los cronistas de la Edad Media consideraban que todo lo que le sucedía al vulgo era
un castigo o un premio de Dios, al igual que se pensaba que los pecados de los
reyes recaían también sobre los súbditos. El cronista nos narra que «el emperador decidió ir en persona a Santiago para orar»[54] y después regresó a León,
desde donde lanzó una campaña brutal contra el territorio del rey García en
Pamplona:

> Marchó a Pamplona al territorio del rey García [...] saqueó a toda la región del rey
> García, incendiaron una vasta extensión del territorio, hicieron cortar las viñas y los
> árboles [...] llevando consigo un abundante botín.[55]

La efectividad de la violencia narrada en los ataques de Alfonso VII contra
los otros reinos cristianos está directamente asociada en el texto con la visita
previa del emperador a la capital compostelana y con los rezos del rey ante la

---

[53] Richard Fletcher, *The World of El Cid: Chronicles of the Spanish Reconquest*
(Manchester: Manchester University Press, 2000), p. 152.
[54] *Chrónica Adefonsi Imperatoris, op. cit.*, p. 90.
[55] El editor asegura que el autor «describe hechos plenamente históricos, comprobables
por su comparación con otras fuentes históricas», *Ibíd.*, p. 48.

tumba del apóstol. Con respecto a este acontecimiento, Glenn Edward Lipskey señala que «the Aragonese ruler, Alfonso I (*El Batallador*), is cast in an especially infamous role as the antagonist of the new King of Castile and León».[56] Sin embargo, y a diferencia de la *Historia Silense*, el cronista del emperador Alfonso VII se muestra más vacilante en cuanto a la representación de los francos en el texto. Conforme avanza la narrativa se van estableciendo nexos ideológicos entre el emperador Alfonso VII y Carlomagno. Durante el *Poema de Almería*, incluido al final de la crónica del emperador, se fija una relación imaginaria de sucesión entre la figura del emperador franco y Alfonso VII:

> Reuniéronse todos los caudillos españoles y franceses
> y por tierra y por mar proyectaran la guerra contra los moros.
> Púsose al frente de todos el monarca del imperio Toledano.
> Tal era Alfonso, que tiene el sobrenombre de Emperador,
> émulo de las hazañas de Carlomagno al cual aspira a equipararse.
> Ambos fueron parecidos en linaje e iguales en la fuerza de las armas;
> y fue parecida la gloria de las guerras realizadas por ambos.[57]

Simultáneamente, también tenemos en el texto la descripción de los combates contra los musulmanes en el avance territorial del reino de León, el cual se articula en oposición a la demonización de la cultura musulmana y al desprestigio de los reyes navarros. Dentro de la dicotomía que se establece entre Santiago y Mahoma, el reino de León se representa como cabeza visible del Imperio cristiano peninsular y, por lo tanto, heredero legítimo del legado jacobeo:

> Iniciaron el combate, los musulmanes llamaban e invocaban a Mahoma con trompetas de bronce, tambores y voces. A su vez, los cristianos invocaban de todo corazón a Dios Nuestro Señor, a Santa María y Santiago, para que se compadeciesen de ellos y olvidasen los pecados de los reyes, los suyos y los de sus padres.[58]

La idea de «cruzada santa» vuelve a aparecer en el *Poema de Almería* mostrando a Santiago como líder supremo de la liberación cristiana en un momento en que los leoneses, «habiendo recibido la bendición de Santiago», estaban

---

[56] Glen Edward Lipskey, *The Chronicle of Alfonso the Emperor*, diss., (Ann Arbor, Michigan: Northwestern University, 1972), p. 5.
[57] Todas las citas del *Poema de Almería* son de la paginación de Florentino Castro Guisasola, *El cantar de la conquista de Almería por Alfonso VII: un poema hispanolatino del siglo XII*, ed. F. Castro y prólogo J. J. Tornes (Almería: Instituto de Estudios Almerienses, 1992), p. 72.
[58] *Ibíd.*, p. 103.

preparados para morir en el combate contra los infieles. En la elaboración de su argumento a favor de la cruzada hispana, el autor del texto intercala en la narración la participación en los combates de los obispos de Toledo y León:

> Los prelados todos de Toledo y León,
> desenvainada la doble espada divina y corporal,
> exhortan a los mayores e invitan a los pequeños
> a que todos acudan valerosos a la guerra.
> Los absuelven de sus culpas, elevan hasta el Cielo sus voces,
> a todos les ofrecen el galardón en esta y en la otra vida.[59]

Estos versos del *Poema de Almería* nos hablan de la solidaridad del clero en las guerras contra los sarracenos. El *Poema de Almería* revela el carácter de cruzada y la subjetividad con la que las historias fueron redactadas por el clero, probablemente muy activo en las batallas. El clero peleando en las campañas de la reconquista da lugar a un tópico épico por separado, ya que realmente existía un cuerpo eclesiástico que combatía con la palabra y la espada tras el grito de «Santiago y cierra España». El autor anónimo del *Poema de Almería* también nos dice que al llegar el mes de mayo se empezó a preparar la guerra y a reunir a todos los combatientes de los diferentes reinos hispanos para el asedio de Almería. Según el cronista, los primeros en presentarse fueron los gallegos:

> Es el mes de mayo. Se adelantan las espadas de Galicia,
> habiendo gustado primeramente las dulzuras de Santiago.
> En pos de estos, la florida milicia de la ciudad leonesa [...]
> Ella ocupa la cumbre de todo el reino Hispano.[60]

No importa demasiado si fueron los gallegos los primeros que se presentaron a levantar armas contra los sarracenos, lo que importa realmente es el lugar que el cronista les concede en el poema. Las referencias a Santiago nos dan a entender que el poeta los pone en la vanguardia por ser los más cercanos al apóstol, aunque también puede estar relacionado con el hecho de que Alfonso VII fue anteriormente rey de Galicia y que fuesen los gallegos quienes le ayudaron a llegar al trono de León.

Por otro lado, Castilla se representa en el *Poema de Almería* como un condado rebelde que despierta en el poeta sentimientos de rechazo:

---

[59] *Ibíd.*, p. 73.
[60] *Ibíd.*, pp. 74-75.

> Pero están [los castellanos] engreídos en demasía,
> están envanecidos con sus riquezas,
> y las fuerzas de Castilla fueron rebeldes durante siglos.
> La ínclita Castilla, fraguando crueldísimas guerras [...]
> El emperador afortunado a todas horas logró domeñarla.
> Solo él domó a Castilla.[61]

Sin embargo, otros versos contradicen la concepción que de los castellanos se tiene en el poema, ya que están articulados para representarlos como potenciales súbditos del reino de León:

> Tras ellos marchan miles de lanzas de Castilla,
> varones afamados, poderosos durante luengos siglos, [...]
> No reina en ellos la pobreza sino una abundancia grande.[62]

Las contradicciones con respecto a la representación de los castellanos en estas estrofas son manifestaciones de una realidad histórica que llevaría a Castilla a su independencia de León y, con ello, a la reconfiguración de una nueva idea de Hispania.

Santiago y la utopía de Castilla

A partir del siglo XIII surge una intensa política de castellanización en la península, caracterizada por expansiones militares, repoblaciones, reformas jurídicas y el culturalismo tan emblemático de la política alfonsina de Toledo. A través de nuevas representaciones del apóstol Santiago, en este transcurso en el que va a surgir Castilla durante la Baja Edad Media, vamos a discernir qué valores sociales se incluyen y cómo se forma un consenso de la identidad castellana, que ya no se legitima por su supuesta ascendencia goda, sino en la falsa idea de la (re)conquista, en el referente de don Pelayo en Covadonga y en la aparición de Santiago en la batalla de Clavijo como narraciones fundacionales de la identidad castellana.

La *Primera crónica general* de Alfonso X apuesta por una construcción hegemónica de la nación castellana como sostén legítimo y mesiánico de la cruzada hispana, en donde el símbolo de Santiago Matamoros se incluye como referente a la historia universal. Con el escolasticismo surge una nueva concepción del mundo y del saber y, con ello, una nueva idea de Hispania.

---

[61]   *Ibíd.*, p. 79.
[62]   *Ibíd.*

González Casanovas señala que Alfonso X «aspires to make the expanded Crown of Castile not only the dominant power in the new Hispania but also the protagonist of a renewed Holy Roman Empire and a resurgent European Christendom that are poised to triumph over Islam in the West».[63] Conforme se describe la aparición del apóstol Santiago a Ramiro I en la *Primera crónica general*, se nos da a entender que la historia nacional sólo puede ser verdadera si se incluye dentro de una narrativa bíblica:

> Adurmiose el rey don Ramiro, et appareciol estonces en suennos el apostol sant Yague et dixol: sepas que Nuestro Sennor Jhesu Cristo partio a todos los otros apostoles mios hermanos et a mi todas la otras prouincias de la tierra, et a mi solo dio a Espanna que la guardasse et la amparasse de manos de los enemigos de la fe [...] allegose mas a ell, et tomol a la mano et apretogela yaquanto et dixol de cabo: «rey Ramiro, esfuerça en tu coraçon, et sey bien firme et fuerte en tus fechos, ca yo so Yague, el apostol de Jhesu Cristo et vengo a ti por ayudarte contra estos tus enemigos. Et pues que esto ouieredes fecho, non dubdedes nada de yr ferir en la hueste de los barbaros, llamando Dios, ayuda, et sant Yague!, ca ciertamientre sepas que todos los metredes a espada et los mataredes [...]» Et desde aquel dia adelante ouieron et tomaron los cristianos en uso de dezir en las entradas de las faziendas et en los alcanços de los moros sus enemigos mortales: Dios, ayuda, et sant Yague.[64]

Veamos cómo se articula la relación entre la representación histórica y las diferentes manifestaciones de poder. La lectura de este pasaje de la *Primera crónica general* señala a una dependencia implícita entre historia, literatura y poder. Podemos observar un rasgo esencial de la obra alfonsina que se muestra innegable en esta relación, esto es, la (re)construcción histórica y la representación del poder en la misma historia. Y como acertadamente señala Hijazo Villegas, mientras que el poder necesita de la historia para definirse como tal y autorizar su discurso, también parece posible señalar que la historia y el discurso histórico necesiten de la autoridad del poder para definirse e interpretarse como tal.[65] Considerando que el enfoque del estudio alfonsino era la identidad nacional (léase castellana), podemos señalar que el sujeto activo era la

---

[63] Roberto Gonzalez Casanovas, «Alfonso X's Concept of Hispania: Cultural Politics in the Histories», *Concepts of National Identity in the Middle Ages*, eds. Simon Forde and Alan Murray (Leeds: University of Leeds Texts and Monographs, 1995), p. 151.

[64] *Primera crónica general de España*, ed. Ramón Menéndez Pidal (Madrid: Editorial Gredos, 1977), p. 361 (del capítulo 629). De ahora en adelante las citas hacen referencia a la paginación del editor.

[65] Manuel Hijano Villegas, *Teoría y práctica de la historiografía hispánica medieval*, ed. Aengus Ward (Birmingham: University of Birmingham Press, 2000), p. 35.

figura del rey, sancionado históricamente por su inclusión dentro de una narrativa sagrada y universal que se representa en relación directa con el icono operante de Santiago Matamoros.

En la Edad Media cualquier discurso del pasado sólo podía ser efectivo teniendo en cuenta sus propias nociones de la historia y su inclusión dentro de una narrativa bíblica. Villegas, en su estudio sobre la teoría y la práctica de la historiografía medieval, ofrece la siguiente valoración sobre el discurso histórico en la Baja Edad Media:

> El discurso histórico sólo tiene sentido si es autoritativo, es decir, si el lector reconoce y acepta que la narración está haciendo referencia a personajes y acontecimientos que tuvieron una existencia real. Es un tipo de discurso que necesita recordar a su audiencia a cada paso que lo que aquí se cuenta es verdad.[66]

Desde esta perspectiva podemos valorar la obra alfonsina no como la narración de una secuencia de acontecimientos en el pasado, sino como la afirmación de que estos acontecimientos ocurrieron en realidad. Tomemos por ejemplo el capítulo 474 de la *Primera crónica general*, en donde se nos narra cómo el rey godo Recaredo se convirtió al catolicismo en el año 589. Esto ocurre, según lo presenta la crónica, en un tiempo sagrado en el pasado, de donde Alfonso X recupera la liberación de la fe católica como puntal de una identidad y un espíritu colectivos que, transpuestos al presente histórico del texto, se pueden fácilmente reinterpretar a favor del discurso hegemónico:

> Luego que fue muerto el rey Leovigildo, alçaron los godos por rey a su fijo Recarero [justo el mismo año que según la crónica nace Mahoma, 590] e luego que començo a regnar envio por sant Leandro e sant Fulgencio e por Mausona, los aeçobispos et por todos los que fueran desterrados; e torno todos los pueblo ala fe de Ihesu Cristo et tiro los dell yerro en que estavan.[67]

Aunque no hemos podido encontrar evidencias de que Alfonso X visitase personalmente la ciudad de Compostela, el dogma religioso que se instauró a través de su adhesión programática al símbolo de Santiago fue adquiriendo un valor más político que religioso durante su reinado. Este hecho empezó a reflejarse en las relaciones sociales que giraban en torno a la hegemonía alfonsina, muy dada ésta al patrocinio de Santiago.

El *Poema de Fernán González* (1250-1271) pertenece a un género literario llamado Mester de Clerecía, lo que quiere decir oficio del clérigo. En este

---

[66]   *Ibíd.*, p. 37.
[67]   *Primera crónica general de España, op. cit.*, p. 157.

poema podemos observar que el símbolo de Santiago emerge de un sentimiento de identidad colectivo en el que Dios, indudablemente, ha favorecido a la nación castellana y perdonado a los reyes hispanos por los pecados de lujuria y lascivia que llevaron a sus antepasados visigodos a perder la península en el año 711.[68] Al principio del poema, durante el elogio a España, la manifestación patriótica del poeta es evidente cuando destaca la predilección de Dios por la nación castellana:

> Pero non oluidemos al apostol honrrado
> fyjo de Zebedeo, Santyago llamado,
> fuerte miente quiso Dios a Espanna honrrar,
> quand al santo apostol quiso y enbyar,
> d'Inglatierra e Françia quiso la mejorar,
> sabet non yaz apostol en tod aquel logar.[69]

Estos versos son de suma importancia, ya que el poeta quiere destacar la singularidad castellana frente a otros reinos europeos como Francia e Inglaterra, legitimando así la soberanía, tanto territorial como divina, de la tierra castellana. Simultáneamente, el elogio a España muestra la intención del poeta de acentuar que los habitantes de su España tienen un pasado heroico, avalado por el aura que irradia la presencia del sepulcro jacobeo en el noroeste peninsular. Un detalle importante a señalar es la intención del poeta de mostrar la reconstrucción de Hispania bajo la hegemonía de Castilla. Consiste en una estrategia política para la consolidación del poder hegemónico, ya que el poema se escribe en el año 1250, casi un cuarto de siglo después de la unión definitiva entre Castilla y León y cuando la posición de hegemonía de Castilla era ya evidente.

Un análisis cuidadoso del elogio en el *Poema de Fernán González* debe destacar una doble labor del poeta, quien intenta incluir la retórica de una tradición literaria clásica iniciada por san Isidoro con las *Laudes Hispaniae* y, a la misma vez, un nuevo programa ideológico, que señala a Castilla como el axioma central y paradisíaco sobre el cual se construyó la idea de una nación española:

---

[68] Según las diversas narraciones literarias e históricas, la invasión musulmana en la península Ibérica fue provocada por la violación de la hija del conde don Julián por el rey don Rodrigo. El conde don Julián, enojado con el último rey visigodo, facilitó la entrada a los musulmanes en la península. Para una lectura más amplia sobre este tema véase la *Primera crónica general*.

[69] *Poema de Fernán González*, 4ª ed. (Madrid: Espasa-Calpe, S.A., 1979), p. 32.

Mejor tierra es de las que quantas vyemos.[70]
Non es tierra en el mundo que aya tales pasturas.[71]
Non fallarian en mundo ottra tierra mejor ni tal.[72]

Si bien toda la península parece ser el objeto de la alabanza, las referencias a otros reinos peninsulares son tan opacas que se pierden detrás de la pasión poética hacia Castilla. No ocurre así cuando se refiere a su patria y la contrapone frente al resto de la península, diciendo que de «toda Spanna Castylla es mejor».[73] El poeta reconfigura una historia de España en la cual Pelayo ya no es el símbolo fundacional, sino la presencia del sepulcro de Santiago en un «lugar muy antiguo»:

> Quando perdio la tierra el buen rey don Rodrygo,
> non quedo en Espanna quien valiesse un fygo,
> sy non Castyella Vieja un logar muy antygo.[74]

Mientras que el conde castellano Fernán González se asocia en el poema con la única idea legítima de España, los otros reyes navarros y leoneses se representan tan solo como «simples cristianos» sin ninguna ligazón histórica o ideológica con la idea de España ni con la opción de ser castellano. Estas nominaciones quedan reservadas en el poema para Castilla y para el conde Fernán González.

En el *Poema de Fernán González* vemos cómo el poeta manipula cuidadosamente la representación del Camino de Santiago como muestra de la simbiosis de una identidad que participa del rol hegemónico de Castilla. En un episodio del poema, el conde de Lombardía, en peregrinaje a Compostela, visita a Fernán González en su prisión leonesa con la intención de interceder por su libertad. La potestad discursiva que se establece a través de la presencia narrativa de la nobleza lombarda sirve para destacar y legitimar la autoridad política del conde Fernán González y de la nación castellana frente a otros reinos europeos. El poeta nos narra que

> vn conde muy onrrado que era de Lombardia,
> vynol' en coraçon de yr en rromerya,
> tomo de sus vasallos los muy grand cavalleria,
> por yr a Santyago metyo se por su vya.[75]

---

[70] *Ibíd.*, p. 151.
[71] *Ibíd.*, p. 145.
[72] *Ibíd.*, p. 149.
[73] *Ibíd.*, p. 146.
[74] *Ibíd.*, p. 151.
[75] *Ibíd.*, p.109.

El apóstol Santiago no sólo actúa como símbolo de Castilla en el plano europeo, sino que también sirve para favorecer la consolidación de poder que empezaba a disolverse en la política interior del conde castellano, quien estaba necesitado de aquietar el caos y los sentimientos de ansiedad de su ejército. En cierto momento de tensión narrativa entre el conde y sus vasallos, el autor hace aparecer en escena al apóstol Santiago para calmar y tratar de solidarizar las relaciones entre el conde y sus súbditos antes de la batalla contra Almanzor. El icono de Santiago actúa como fuerza unificadora del cuerpo social y como representante simbólico de la autoridad:

> Yo sere y contygo quem' lo ha otorgado
> sera el apostol Santyago llamado
> embyarnos ha don Cristo valer a su criado
> sera con tal ayuda Almoçor enbargado.[76]

Estos versos nos narran cómo el monje fray Pelayo se le apareció al conde Fernán González en sus sueños para anunciarle la milagrosa intervención de Santiago Matamoros en su próxima batalla contra los sarracenos. El poeta utiliza el nombre de Pelayo, cuyas resonancias onomásticas nos transportan a los milagros de Covadonga, para poner en su discurso las profecías sobre el futuro del conde castellano, muy aficionado este ultimo a las visiones oníricas de Santiago. El monje fray Pelayo asegura la victoria a Fernán González mediante un comunicado divino en el cual le promete la intervención militar del apóstol Santiago, al mismo tiempo que le facilita los planes tácticos de ataque para la batalla del día siguiente:

> Tu entrra con los menos de partes de oryente,
> entrrante de la lid ver mas visiblemente;
> entre la otra faz de parte d'ocidente,
> y sera Santiago, esto syn falliminete.[77]

A lo que el conde responde: «Cristo yo tuyo so, guarda me tu Sennor».[78] Estos versos anteriores muestran la necesidad histórica de proteger las relaciones feudo-vasalláticas. Antes de la intervención taumatúrgica de Santiago, los vasallos del conde se representan como cobardes e incluso potenciales traidores:

---

[76] *Ibíd.*, p. 77.
[77] *Ibíd.*, p. 78.
[78] *Ibíd.*, p. 78.

Com eran malinconicos todos con grran despecho
de chycos e de grrandes de todos fue maltrecho
[...] Por que tantot' sofrymos por end somos peores
pedimos te merçed non nos fagas traydores.[79]

Sin embargo, después de que el conde comunicase las profecías oníricas
que le había transmitido Pelayo a las tropas cristianas, los vasallos del líder
castellano empiezan a comportarse como valientes guerreros y a mostrar su
lealtad recuperada hacia el conde Fernán González:

Quando esto oyo el su pueblo cruzado,
todos por vna boca hablaron muy pryvado:
Señor, lo que tu dizes sea a nosotros otorgado,
qui fuy ere yaga con Judas abraçado.[80]

Los versos anteriores no solamente muestran la problemática de una relación feudal que necesitaba de la consolidación de un Estado justo durante el
siglo X, sino también, a un nivel más implícito, los temores del poeta por la
ansiedad política y el desorden social del siglo XIII, época en la que está recons-
truyendo narrativamente la creación de Castilla a manos de Fernán González.
Todos los temores y preocupaciones del poeta son milagrosamente embarga-
dos por la intervención del apóstol Santiago y, después de la explicación que
el conde da sobre sus sueños y de las profecías de fray Pelayo y san Millán, los
vasallos se sienten mucho más convencidos y deciden luchar contra Almanzor,
embriagados de fuertes sentimientos patrióticos. Una vez más, la imagen de
Santiago sirvió para estimular la lucha contra los moros y para legitimar la
autoridad política del conde frente a sus vasallos.

Este proceso de ratificación política de Castilla como cabeza de la idea de
España sigue mostrándose a lo largo del poema con otras profecías y apariciones de Santiago, en las que los vasallos, siempre y cuando aceptan la autoridad
del conde, adquieren honores y elogios de grandeza, es decir, se incluyen en el
nuevo proyecto de España. El poema nos narra cómo los vasallos se convier-
ten en «grandes varones»:

Quando ovo el conde dichas estas rrazones
—antes tenien todos duros los coraçones—
fueron muy confortados caveros e peones;
mando commo fyzies en essos grrandes varones.[81]

---

[79] *Ibíd.*
[80] *Ibíd.*, p. 81.
[81] *Ibíd.*, p. 82.

Los castellanos continuaron buscando a Dios no en la paz espiritual, sino en la mortífera espada de Santiago. La lectura de esta estrofa anterior convencía a su audiencia de que a través de su valor y sacrificio ganarían tanto el honor militar dentro del imaginario de Castilla como la gracia de Dios en el reino de los Cielos. El argumento político-religioso reproducido en el *Poema de Fernán González* es bastante simple: nosotros somos sus vasallos y tú, Santiago, nos proteges. Las ovaciones a Santiago se convirtieron en un ritual belicoso que proporcionaba todo el ímpetu bélico necesario, un ímpetu que los cristianos habían imitado de los sarracenos. En el *Poema de Fernán González*, durante la batalla de Hacinas, la presencia de Santiago narra la situación castellana al frente de la contienda:

> començaron en el pleito do lo avyan dexado
> llamando 'Santyago', el apostol onrrado
> [...] Byen avyan castellanos aquel mester usado.[82]

En la misma batalla se nos dice que los castellanos «et su oracion acabada, baxaron las lanças e fueron ferir en los moros llamando "¡san Yague!"».[83] No obstante, el fragmento más significativo del *Poema de Fernán González* se nos presenta cuando el autor del texto hace aparecer a Santiago en la batalla de Arlanza. Santiago deja de actuar en un nivel estrictamente simbólico para intervenir en favor de las tropas castellanas con la mortal ayuda de su espada. Después de haber rezado, el conde Fernán González

> Alço susos sus ojos por ver quien lo llamaua
> vyolo santo apóstol que de suso le estaua
> de caveros con el grran companna lleuaua
> todas armas cruzadas com a el semejaua.[84]

El mismo Almanzor reconoce el poderío de Santiago en esta batalla y exclama: «esto non puede ser ¿donde recreço al conde atan fuerte poder?». La figura de Fernán González es en todos los aspectos mesiánica y consciente de su destino salvífico:

> Quando entendio que era de Casttyella sennor,
> alco a Dios las manos, rogo al Criador:

---

82 *Ibíd.*, p. 92.
83 *Ibíd.*, p. 94.
84 *Ibíd.*, p. 99.

«Sennor, tu me ayuda —que so muy pecador—,
que yo saque a Castyella del antygo dolor».[85]

Con respecto a este carácter mesiánico del conde castellano, y para terminar el análisis del texto, cabe recordar la tesis de Alan Deyermond, quien señala el lugar privilegiado que ocupa la figura de Fernán González en la historia
de España, comparable incluso con la de Cristo en la Historia de la cristiandad.[86]

El *Poema de Mío Cid*, también del siglo XIII (posiblemente 1207 según la
tesis de Colin Smith), pertenece al género de los cantares de gesta, esto es, un
género literario épico que se define por su carácter informativo de hechos o
gestas heroicas dedicadas a divulgar en forma de propaganda la imagen del
héroe castellano en una época en la que la mayoría del pueblo era iletrado. La
figura de Santiago en este poema se muestra en oposición al estatuto simbólico que ocupaba Mahoma en el islam. Los guerreros del Cid buscaban en
Santiago el apoyo moral y el impulso bélico necesarios para luchar contra los
moros. El autor de este texto representa a Santiago como la fuente de fuerza
moral que alimenta a los cristianos en los momentos cruciales de guerra. Su
invocación también se asocia con la matanza musulmana en el nombre de Dios
cuando, durante las grandes batallas del Cid, se aclama a Santiago de esta
manera:

Tantos pendones blancos, salir vermejos en sangre,
tantos buenos cavallos, sin sos duennos andar.
Los moros laman '¡Mofamat!', e los christianos '¡SantiYague!',
cayen en un poco de lograr, moros muertos mill e. ccc. Ya.[87]

Muchas veces son los moros, como en el *Poema de Fernán González*, los
que aparentemente internalizan esta fuerza opresiva del apóstol y observan ate-
rrados la figura de Santiago galopando por el cielo para castigar duramente a
los infieles. Así sucede en un episodio de la *Primera crónica general,* durante
la batalla entre el moro Abenhut y el rey Fernando III. Cuenta la historia alfonsina que los sarracenos habían visto a Santiago «junto a vna ligión de caualle-

---

[85] *Ibíd.*, p. 38.
[86] Alan Deyermond, «Uses of the Bible in the *Poema de Fernán González*», *Cultures in
      Contact in Medieval Spain: Historical and Literary, Essays Presented to L.P. Harvey,*
      Eds. David Hook and Barry Taylor (London: King's College London Medieval Studies,
      1990), p. 65.
[87] *Poema de Mío Cid*, 14ª ed., Colin Smith (Madrid: Cátedra, 1987), p. 163. Las referen-
      cias al *Poema de Mío Cid* corresponden a la paginación del editor.

ros blancos, et aun dizen que angeles vieran andar sobre ellos por el ayre; et que estos caualleros blancos les semeiaua que les estryien más que ninguna otra gente».[88]

La idea de España empieza a rearticularse como sinónimo de Castilla a través de un proceso narrativo que hemos visto desarrollarse a lo largo de los poemas castellanos anteriormente comentados. Mientras que el *Poema de Mío Cid* presenta en un principio a un rey leones arrogante, inmaduro y dominado por los malos consejeros, conforme se desenvuelve la narrativa tenemos la conversión de este rey leonés en otro de carácter más «castellano», justo, maduro y capaz de ceder a la invocación de justicia del pueblo hispano, que necesita de un buen señor. La idea de Castilla como cabeza de España se materializa con la castellanización del rey Alfonso VI en el poema, convertido, por esta virtud propia del arquetipo castellano, en un buen rey. La anterior lectura del *Poema de Fernán González* es el desenlace lógico y necesario para la construcción de Castilla como cabeza de los reinos de España que comenzó en el *Poema de Mío Cid*.

El *Poema de Alfonso Onceno*, escrito durante los últimos años del reinado de Pedro el Cruel (1369), marca la última etapa de la casa de Borgoña y el ascenso de la nueva dinastía de los Trastámara al reino de Castilla-León. El poeta nos narra la batalla del Salado y la descripción de cómo el desafortunado rey Juçaf regresó a Granada llorando y explicando que fue testigo de la intervención de Santiago en la batalla:

> Santiago, el de España,
> los mis moros me mató,
> desbarató mi compaña,
> la mi seña quebrantó,
> yo lo bí bien aquel día,
> con muchos omnes armado.[89]

El poeta no queda satisfecho con este retrato de la derrota narrada por el rey moro, sino que va más allá y ridiculiza a las tropas musulmanas por su credo en el ocioso Mahoma, que no pudo llegar a tiempo a la batalla ya que sufría de una fuerte indigestión:

---

[88]   *Primera crónica general de España, op. cit.*, capítulo 1044.
[89]   *Poema de Alfonso Onceno*, ed. Yo Ten Cate, Revista de Filología Española, Anejo LXV (Madrid: Consejo Superior de Investigaciones Científicas, 1956), p. 527. Las citas corresponden a la paginación del editor.

Mahoma, el perezoso,
tardo, non quiso benir,
e quando a Meca llegó
echóse e adormeció,
o cuydo que se afogó,
con buñuelos que comió.[90]

La representación de Santiago Matamoros en el *Poema de Alfonso Onceno*
se articula como una institución afirmada en el alma colectiva de los castellanos y, aunque la realidad de los hechos narrados pasó al plano legendario, lo
que no se convirtió en leyenda fue la creencia en Santiago y en su virtud soco-
rredora.

Neutralización del símbolo milenarista: el Camino de Santiago como cruzada santa

Para comprender el proceso hegemónico en su totalidad, señala Williams,
debemos distinguir tres aspectos fundamentales que se incorporan activamente en forma de tradiciones, instituciones y formaciones.[91] Centrándose en el
estudio de la tradición como elemento sustancial del desarrollo hegemónico,
tanto Williams como Hobsbawm, discrepan de la posición tradicional del
materialismo cultural y señalan la eficacia de la tradición como «una fuerza
activamente configurativa que pone en evidencia la actividad de las presiones
dominantes y hegemónicas».[92] Es cierto que la invención efectiva de tradiciones depende de la efectividad de las instituciones que la proyectan frente a la
comunidad. No obstante, y para matizar un poco la observación de Williams,
cabe decir que no comprenderíamos por completo el desarrollo de la hegemonía si atendiéramos exclusivamente a las instituciones, olvidando el papel fundamental de las tradiciones y a la forma en la que éstas apelan a la inclusión
del individuo como parte de un grupo social en concreto, que se reconoce y
participa en el «sistema tradicional».

También es importante reconocer la cuestión de cómo se forman los movimientos y tendencias en la vida intelectual y artística, ya que este desarrollo
tiene una influencia significativa, y a veces decisiva, sobre la evolución activa

---

[90] *Ibíd.*
[91] Raymond Williams, *Marxismo y literatura, op. cit.*, p. 137.
[92] Véase también el libro de Eric Hobsbawm y Terence Ranger, eds. *La invención de la tradición*, trad. Omar Rodríguez de *The Invention of Tradition* (Barcelona: Editorial Crítica, 2002).

de una cultura, pues se presenta como una relación variable y a veces solapada con las instituciones formales.[93]

Sobre estas proposiciones podemos reflexionar que ninguna presión institucional o adoctrinamiento cultural, especialmente aquellas que no recuperen, inventen o reconozcan sus tradiciones como tal, puede resultar verdaderamente hegemónica, a no ser que tome en cuenta las formaciones sociales que crean los procesos de identificación. El verdadero funcionamiento y desarrollo de la hegemonía necesita de la auto-identificación de todos aquellos individuos que participan en el sistema mediante un entramado de símbolos compartidos, entre los que podemos encontrar, en el caso de la invención de España, el símbolo sacro de Santiago.

Una vez terminada la reconquista peninsular, y pasada la inmediata necesidad de mantener un símbolo apocalíptico que respondiese a las ansiedades milenaristas con las que se encontraron los cronistas y poetas anteriores, surge el planteamiento hegemónico de reconfigurar el símbolo de Santiago Matamoros. Para ello se empieza a articular una nueva iconografía del apóstol, que lo presenta como un santo peregrino castellano y protector de los miles de romeros que van a la casa de Santiago. El establecimiento de la peregrinación a Santiago de Compostela reaparece, de forma ritualizada y una vez acabada la reconquista, como una práctica colectiva de ejercicios hegemónicos que apuesta por la continuación de los valores antiguos fundados en el simbolismo de Santiago, pero adaptados a las nuevas condiciones culturales creadas por el reciclaje hegemónico del propio símbolo.

Esta tesis se hace evidente de manera especial en los *Milagros* de Gonzalo de Berceo que, como veremos más adelante, demuestran que estamos ante el ejercicio de una nueva práctica institucional de comunicación e interpelación del individuo medieval, que pone a su alcance, con la intención de educarle, la posibilidad de compartir mediante el ritual los valores de la nueva simbología jacobea. No sólo las instituciones culturales en las que se apoya el nuevo orden hegemónico derivaban de la cultura que las había creado, sino que también forman parte de la sacralización del espacio creado por la peregrinación, donde los símbolos son negociados y reconfigurados.

Sin embargo, y ésta es una de las características inherentes de los símbolos, la reconfiguración de Santiago se lleva a cabo conservando la memoria histórica de sus usos anteriores (apóstol y matamoros), que nunca son eclipsados ni desplazados por completo por la nueva significación proyectada en el apóstol peregrino. De tal modo que la neutralización del símbolo milenarista, al ser rearticulado por los proyectos de la hegemonía operante, se encuentra con-

---

[93] Raymond Williams, *Marxismo y literatura*, *Ibíd.*, p.141.

frontada, en todo momento, con una relectura de su pasado explicitada a lo largo de su iconografía histórica, así como con los elementos de su idiosincrasia anterior, que nunca quedan borrados por completo. En este sentido, la nueva significación del símbolo emerge de las necesidades político-culturales implícitas en el desarrollo propio de toda hegemonía, que necesita de la tradición, aunque sea de manera estrictamente selectiva, para consolidarse como tal.

Williams ha señalado que la incorporación de la tradición, aunque sea de forma selectiva, es «un proceso vulnerable, ya que en la práctica debe descartar áreas de significación totales, reinterpretarlas, diluirlas o convertirlas en formas que sostengan, o al menos no contradigan, los elementos verdaderamente importantes de la hegemonía habitual».[94] Este proceso de incorporación es una de las características que destacan en el estudio de la evolución diacrónica del símbolo de Santiago. Por otro lado, la vulnerabilidad que señala Williams, producida por la reconfiguración de las tradiciones, podemos observarla en el fenómeno de la reconfiguración de Santiago como peregrino, que no es completamente estable pues entra en una profunda crisis política y social durante el Siglo de Oro.

La tradición apocalíptica propia del siglo XI, de la cual se seleccionan los valores adscritos en el apóstol peregrino, sigue viva y se halla ligada de un modo permanente al nuevo programa jacobeo, de manera que la esencia telúrica del apóstol todavía será reconocida dentro del discurso, como veremos en los *Milagros* de Berceo. Esta refriega simbólica del apóstol, por y contra las tradiciones, constituye una parte fundamental de la actividad cultural española. Su análisis nos llevará al estudio actual de las identificaciones (o no identificaciones) políticas y sociales con el símbolo jacobeo, en donde veremos cómo la tradición y filiación con los legados histórico-culturales todavía constituye una parte fundamental del discurso político contemporáneo, en el que Santiago se presenta como un símbolo abierto a múltiples significados y apropiaciones.

Intentaremos señalar al significado del ritual de peregrinación y la construcción de tal significado por medio de una metodología aplicada a las teorías que he mencionado anteriormente situándolo en un contexto histórico e ideológico más amplio. La lógica estructural de esta metodología es simple: para analizar el significado del ritual en la actualidad (y estoy pensando en las celebraciones oficiales llevadas a cabo durante este ultimo año jacobeo), hay que relacionarlo con el contexto social y cultural en el cual se construyó como ritual. Con el ritual del año santo jacobeo, el hecho de situarlo en su contexto

---

[94] *Ibíd.*, p.138.

no solamente proporciona un trasfondo cultural, sino que más bien sirve para mostrar el proceso de interpretación de significados y su aplicación política y social. La ideología es, en última instancia, y como acertadamente señala Althusser, «una representación de la relación imaginaria de los individuos con sus condiciones reales de existencia», y aun si admitimos que tales relaciones no corresponden a la realidad, sin embargo, «aluden a la realidad, y basta con interpretarlas para encontrar en su representación imaginaria del mundo la realidad misma de ese mundo».[95]

Cuando Norman Cohn argumenta, en su aclamado estudio sobre los fenómenos de peregrinaje en la Edad Media, que las cruzadas a Jerusalén fueron un conjunto masivo de fenómenos sociales y políticos, también insiste en analizar el fenómeno social en el que se vieron involucradas miles de personas, entre ellas monjes, guerreros, campesinos, etc., para quienes la cruzada significaba, antes que nada,

a collective *imitato Christi*, a mass sacrifice which was to be rewarded by a mass apotheosis at Jerusalem. For the Jerusalem which obsessed their imagination was no mere earthly city but rather the symbol of a prodigious hope.[96]

Si la cruzada medieval era, según la analiza Cohn, una forma de peregrinación guiada por el simbolismo sacro que habitaba los espacios de la ciudad santa y de los cuales emanaban ideales de cambio, esperanza y trascendencia, entonces también podemos sugerir que la peregrinación por el Camino de Santiago es, al mismo tiempo pero de forma inversa, una forma de cruzada santa, que comparte atributos de penitencia, indulgencia y sacralización del espacio con rituales e implicaciones sociales. Esto es, la construcción de un espacio político mediante un fenómeno de naturaleza social. En un momento histórico en el que se ha superado la crisis milenarista y se necesita de la neutralización del símbolo apocalíptico de Santiago Matamoros, la función del apóstol se enfoca a preservar del mal al peregrino, puesto que la peregrinación es en sí misma un hecho trascendental y no mundano, que define el espacio sagrado en oposición al profano, pero, sobre todo, sirve para construir una identidad religiosa (o sea, política en el contexto medieval) dentro de la comunidad marcada por la hierofanía jacobea.

Por otro lado, la construcción de un espacio político al servicio de la hegemonía está limitada por la presencia activa de una sociedad estatal y de castas,

[95] Louis Althusser, *Ideología y aparatos ideológicos de estado, op. cit.*, pp. 52-53.
[96] Norman Cohn, *The Pursuit of the Millennium: Revolutionary Millenarians and Mystical Anarchist of the Middle Ages* (New York: Oxford University Press, 1957), p. 64.

en donde la identidad (castellana-goda) se construye en oposición a diferentes modelos de alteridad (musulmana y hebrea). Teniendo en cuenta esta construcción cultural de la alteridad, el peregrinaje es una estrategia enfocada a la construcción y consolidación de las relaciones sociales con las esferas de poder privilegiadas; y, si aceptamos la peregrinación como una manifestación y exteriorización de los valores asociados con las cruzadas de la Alta Edad Media, entonces podemos entender la propuesta de análisis del ritual planteada por Catherine Bell, quien lo entiende como la consolidación de un sistema de valores que deben de permanecer presentes en la identidad colectiva, para distinguirse de otras culturas que todavía se encuentran en el imaginario que las representa socialmente.[97] La tesis de Bell señala que la «ritualization invokes dynamics of contrast with other forms of cultural activity and inevitably, with other ritualized acts as well».[98]

La literatura jacobea escrita a partir del siglo XV, y por motivos que veremos en los próximos capítulos, va a perder en gran medida el simbolismo sacro del Camino de Santiago. Sin embargo, conservará, a lo largo de la historia, el espacio simbólico habitado por la alteridad demonizada, para utilizarlo como referencia de todo aquello anti-español. Santiago Matamoros es algo más que un simple referente simbólico en la representación de la alteridad en España, es, antes que nada, matador de moros, pero matador de moros exclusivamente en España. El imaginario simbólico creado en la literatura medieval para el moro bajo el caballo de Santiago será habilitado para otros tipos de alteridad igualmente indeseables, que empiezan a ponerse de manifiesto en los tratados literarios de Gonzalo de Berceo.

En el milagro VIII de los *Milagros de Nuestra Señora*, escritos por el poeta castellano Gonzalo de Berceo (1195-1246?), un peregrino, muy aficionado a los pecados carnales y a las liviandades mundanas, decide ir en penitencia a Santiago de Compostela. El poeta castellano lo describe como:

> Un fraire de su casa, Guirat era clamado,
> ante que fuesse monge era non bien senado,
> façie a las de veçes follia e peccado,
> commo omne soltero que non es apremiado.
> Vinol a corazon do se sedie un dia,
> al apostolo de Espanna de ir en romeria.[99]

---

[97] Catherine Bell, *Ritual Theory, Ritual Practice, op. cit.*, pp. 115-118.
[98] *Ibíd.*, p. 118.
[99] Gonzalo de Berceo, «Milagros de Nuestra Señora: milagro VIII», *Poetas castellanos anteriores al siglo XV* (Madrid: Editorial Rivandeneyva, 1964), pp. 183-184. Las citas corresponden a la paginación de B. A. E., T. VI.

Berceo nos cuenta que el frívolo peregrino no respetó lo más mínimo la sacralidad presente en el ritual de la peregrinación y la noche anterior, en vez de ir a misa para iniciarse espiritualmente en el viaje de peregrinación que lo llevaría hasta las tierras gallegas del apóstol, se dedicó a fornicar sin tener en cuenta que debía confesarse de sus pecados carnales antes de empezar el santo peregrinaje por la mañana:

> Quando a essir ovieron, fizo una nemiga:
> En logar de vigilia iogó con su amiga,
> non tomó penitençia commo la ley prediga,
> metiose al camino con su mala hortiga.[100]

Gonzalo de Berceo, a través de los *Milagros*, y con el uso de lo fantástico como núcleo esencial de casi todos sus relatos, muestra las ansiedades sociales y el caos espiritual de la época que le tocó vivir, recurriendo, siempre que le es posible, al simbolismo sacro de Santiago y al espacio terrenal de la peregrinación como alegoría del viaje espiritual del ser humano, criticando lo trascendente de este mundo. Aun así, el poeta tiene que crear un nuevo significado para el símbolo de Santiago, que se acomode a los momentos de transición política y cultural que se reflejan en la actitud de sus personajes, muchos de ellos monjes borrachos, incrédulos peregrinos, abadesas que misteriosamente se quedan embarazadas, etc.

En el milagro VIII, el diablo se presenta ante el peregrino haciéndose pasar por Santiago, y lo acusa de impenitente y mal cristiano por fornicar y no haberse confesado de todos sus pecados antes de empezar la peregrinación. La sacralización del espacio y la hierofanía de los símbolos jacobeos quedan puestos de manifiesto. El peregrino reconoce su pecado y, en extremo éxtasis de arrepentimiento, suplica al falso Santiago una vía de penitencia para la redención de su alma. El diablo, haciéndose pasar por el apóstol, le pide que se corte los testículos:

> Disso el falso Iacob: esti es el iudiçio:
> Que te cortes los miembros que façen el forniçio,
> dessent que te deguelles, farás a Dios serviçio,
> que de tu carne misma li farás sacrifiçio.[101]

El peregrino, que no dudó un momento en hacer lo que le pedía el falso Santiago, rápidamente «sacó su cuchellijo que tenie amollado,/ Cortó sus geni-

---

[100] *Ibíd.*, p. 185.
[101] *Ibíd.*, p. 192.

tales el fol mal venturado: / Dessende degollóse, murió descomulgado».[102] Una
vez satisfecho el diablo con de la muerte del peregrino, causada por la hemo-
rragia que supuso tan apresurada amputación de sus genitales, desapareció el
diablo riéndose, mientras que el bondadoso apóstol Santiago, constante vigi-
lante del Camino, se encontró con el peregrino desangrado y muerto en su ruta.
Santiago sintió misericordia por el difunto peregrino e intercedió por él ante
Dios, quien accedió a resucitarlo ante la presencia de la Virgen María en el
lugar de los hechos:

> Disso: io esto mando e dolo por sentençia:
> La alma sobre quien avedes la entençia,
> que torne en el cuerpo, faga su penitençia,
> desend qual mereçiere, avrá tal audiençia.[103]

No obstante, la Virgen, que por ser Virgen lo sabe todo, se encargó de que
«mas lo de la natura quanto que fo cortado,/ non li creçió un punto, fincó en su
estado», por lo que el lascivo peregrino no tuvo más remedio que, al llegar a
Compostela sin testículos, meterse a monje para servir en la atención del
Camino de Santiago, convirtiéndose así en el elogiado fraile Guirat protagonista de este milagro.

Según Victor Turner, el peregrinaje expresa «a deep non rational fellowship
before symbols of transmundane beings and powers with its posing of unity
and homogeneity».[104] ¿Qué valores representa Santiago a finales de la reconquista y qué lugar ocupa la peregrinación a Compostela dentro de la ideología
que tan vívidamente describe Gonzalo de Berceo? Éstas son las preguntas que
nos pueden llevar a entender la necesidad de reconfigurar una nueva identidad
nacional, en la que Santiago pasa de nuevo al plano de lo simbólico, dejando
sus funciones bélicas en la postrimería de la Edad Media.

Incluso más importante que llegar a comprender lo que representa Santiago
en los *Milagros* de Berceo, es entender cómo ha llegado a representar estos
valores y cuál es su funcionalidad ideológica en el nuevo proyecto de España,
cuyas matrices están divididas y representadas simbólicamente por Santiago,
el diablo y la Virgen María. La peregrinación por el Camino de Santiago como
manifestación colectiva de una nueva identidad todavía fragmentada fue la respuesta estratégica a la necesidad histórica de reciclar la iconografía guerrera

---

[102] *Ibíd.*, p. 193.
[103] *Ibíd.*, p. 208.
[104] Victor y Edith Turner, *Image and Pilgrimage in Christian Culture: Perspectives*,
Lectures on the History of Religions Ser. 11 (New York: Columbia University Press,
1978), p. 39.

del apóstol, una vez pasada la urgencia milenarista de la invasión musulmana. El apóstol Santiago se convirtió así en un santo político, eterno guardián de los valores cristianos, idóneo para conceder atributos alegóricos al Camino y presentarlo como una extensión espiritual de la cruzada santa.

La hegemonía se muestra siempre como un proceso activo que se forma mediante la reorganización de elementos que, fuera de esta dinámica, serían simplemente significados en busca de significantes y, por ende, carentes de cualquier cohesión activa. Hemos visto que la hegemonía incorpora los significados de la tradición y la memoria (Santiago Matamoros y Apóstol) y los transforma (Santiago Peregrino), mediante la ritualización (peregrinaje), para crear un nuevo orden social efectivo (de nuevo, la hegemonía) que, a su vez, ayuda a conservar la posición de poder de las elites o grupos sociales dominantes. Estas elites de poder se expresan y son reconocidas mediante ciertos símbolos discursivos que ponen de manifiesto el poder hegemónico, ya que funcionan como referentes colectivos en los que se anclan los mecanismos de reconocimiento identitarios. De este modo, y como hemos visto a lo largo de este capítulo, la ideología, anclada en momentos específicos por los procesos hegemónicos, fija los reconocimientos identitarios dentro del mismo imaginario social, y se muestra como una manifestación concreta, real y tangible, llevada a cabo mediante el ritual del que emerge un tiempo sagrado y permanentemente recuperable.

Estas manifestaciones de las relaciones imaginarias del individuo con sus condiciones reales de existencia, o mejor dicho, con el cambio provocado por esas condiciones reales de existencia, reflejan las ansiedades del momento histórico y explican, sobre todo, de una forma más comprensible, las resemantizaciones del símbolo jacobeo y de su esencia poliédrica, es decir, de su ángulo hegemónico, donde coinciden de una forma transhistórica diferentes planos de la realidad jacobea.

Podemos decir que el conjunto de textos presentados en este capítulo es extenso, aunque no pretende ser exhaustivo. Conviene señalar su diversidad temática y su (dis)continuidad en la propuesta del proyecto hegemónico de la nación castellana, y cómo este proyecto, con sus constantes negociaciones y reconfiguraciones, se expresa a través del símbolo, esencialmente poliédrico, de Santiago. Hemos analizado en detalle las *Laudes Hispaniae*, que forjaron la tradición literaria de las alabanzas nacionales, apelando a la presencia de Santiago Apóstol en la península Ibérica; también hemos visto otros códices hispanos y francos que, junto con los pronunciaciones papales e historias eclesiásticas de la Alta Edad Media, ayudaron a resemantizar y construir una nueva simbología apocalíptica de Santiago Matamoros al final del milenio. Hemos señalado algunas narrativas bíblicas fundacionales, que muestran los préstamos culturales y las negociaciones hegemónicas en la construcción de la identidad y en la consolidación del poder por parte de las elites dominantes. Los géneros literarios del Mester de Clerecía y del Cantar de Gesta, ambos con temáticas y estructuras distintas, pero complementarias al mismo tiempo, han mostrado el afianzamiento de Castilla como cabeza de los reinos españoles durante la Baja Edad Media. Vimos cómo la idea de España se construyó en paralelo con la invención de Castilla, comenzando con un rey leonés arrogante, inmaduro y dominado por los malos consejeros, para terminar con su transformación en un rey castellano, justo y maduro. Por último, hemos analizado en detalle los *Milagros* de Berceo y la ritualización de nuevas identidades negociadas dentro del desarrollo hegemónico que expresa, en sus diferentes matices, una nueva idea de España como alegoría de la cruzada nacional, que llegará hasta el discurso contemporáneo aznarista. Pero, sobre todo, en los diversos textos analizados hemos observado la (dis)continuidad de la idea de España a través de diferentes cambios monárquicos y propuestas históricas que apuestan por la necesidad de apropiarse del símbolo sacro de Santiago.

IV. REGRESANDO AL FUTURO

La etnohistoria y el catolicismo genético español

Las naciones modernas son fenómenos históricos que comparten memorias, tradiciones y proyectos futuros. Más en concreto, las naciones, conforme han sido estudiadas en este trabajo, son el producto creativo de un grupo de seres humanos que comparten un territorio sacralizado y unos mitos fundacionales que sirven para expresar la cosmogonía primordial del eterno retorno. Todas las naciones quedan representadas en sus símbolos y en sus memorias de un destino en común, englobadas y enfocadas desde el artificio de una cultura negociada y compartida, en la mayoría de los casos inventada por las elites dominantes y las esferas de poder. Empero, estas naciones son, sobre todo, la materialización de las características en un discurso jurídico e historicista que, dentro de una economía y un modo de producción en particular, genera las leyes y pautas de conductas necesarias para ratificar e imponer la idea de la nación moderna y el sentimiento nacionalista.

En el estudio de las naciones, las aproximaciones de corte modernista presentan serias limitaciones cuando tratan de explicar la eficacia del concepto abstracto de nación a la hora de apelar a los sentimientos individuales y de formar colectivos fieles y devotos que, mutuamente, vigilan su propia lealtad nacional e incluso están listos para el sacrificio personal en beneficio de la nación. Es en esta coyuntura de contradicciones en donde juega su papel primordial los discursos míticos y sus representaciones simbólicas. El mito, señala repetidamente Eliade, es aquella forma de pensamiento basada en la existencia de los símbolos. Cabe preguntarnos entonces de dónde proviene la eficacia de los símbolos en trasmitir la forma de pensamiento mítico que se encubre en la idea de la nación. Estas propuestas de análisis, junto con las aportaciones de los capítulos anteriores, nos llevan al estudio final de la etnohistoria y la etnogénesis como una alternativa que emerge de las propias limitaciones de la crítica teórica marxista articulada en los capítulos anteriores (i. e., Gellner 1983, 1997; Hobsbawm 1990, 2002). Dentro de una sólida alternativa teórica enfocada a la metodología de examen en la evolución diacrónica de los símbolos étnicos, las identidades nacionalistas se rearticulan constantemente, de ahí el énfasis, a lo largo de este trabajo, en señalar el carácter dinámico de la hegemonía y su relación con la cultura y literatura (Williams 1980). Cabe añadir en este estudio que Anthony Smith nos aporta una excelente aproximación heurística al estudio de las naciones y nacionalismos contemporáneos, que el crítico sajón acuñó con el término de *historical ethno-symbolism*, en el cual los sustratos históricos de identificación étnica se nos presentan como residuos culturales en la construcción de la nación moderna, muy aplicables éstos al caso de la nación española. En esta teoría del nacionalismo étnico propuesta por Smith,

> Historical ethno-symbolism emerges from the theoretical critique of modernist approaches, as well as from a different reading of the historical record. For ethno-symbolism, what gives nationalism its power are the myth, memories, traditions, and symbols of ethnic heritages and the way in which a popular living past has been, and can be, rediscovered and reinterpreted [...] it is from these elements of myth, memory, symbol and tradition that modern national identities are reconstituted.[1]

Examinemos la forma en que la (re)construcción de la «historia oficial» de España durante el siglo XIX nos remite a las postulaciones del Concilio III de Toledo, estudiadas en el capítulo segundo de este volumen, cuando reinaba en la península Ibérica el rey visigodo Recaredo en el año 589. En los dogmas de este concilio se ve de un modo evidente el montaje de un entramado cultural y político del que emana la esencia de la nación española: la primera ley fundamental del Estado es la fe católica. Así lo señaló puntualmente el padre Enrique Flórez de Setién (1702-1773) en su monumental *Clave historial*, redactada en el siglo XVIII, cuando aseguraba que con Recaredo «nació en él el padre de la Patria, la delicia de los españoles, la piedad y la religión católica: pues logró desterrar la manía y frenesí del arrianismo que dominaba a los Godos».[2]

Las estrategias de las instituciones estatales, los prejuicios culturales, el cainismo popular, la chabacanería populista y la intelectualidad como patrimonio

---

[1] Anthony D. Smith, *Myth and Memories of the Nation* (Oxford: University Press, 1999), p. 9.

[2] Enrique Flórez de Setién y Huidobro, *Clave historial con que se abre la puerta à la historia eclesiástica y política, chronología de los papas, y emperadores, reyes de España, Italia, y Francia, con los orígenes de todas las monarquías: concilios, hereges, santos, escritores, y sucesos memorables de cada siglo* (Madrid: Editorial de Viuda de Ibarra, hijos, y compañía, 1786), p. 108.

de una elite incapaz incluso de criticar una rebelión de las masas, por miedo, quizá, a ser acusados de falta de tolerancia muticulturalista son fenómenos sociales que reinan en este país, sin lugar a dudas enfrentados a los legados afanosos del nacionalismo decimonónico que acarrea todavía el afligido bagaje emocional del mito de una España sagrada, grande y libre. Pocos intelectuales abiertos a una crítica objetiva del nacionalismo español actual dudarían en admitir que culturalmente seguimos viviendo en el siglo XIX, y quizá es por estos motivos que el mito de la «España sagrada» encuentra su puntal de legitimación en los numerosos proyectos de construcción institucional e ideológica que se llevaron a cabo en el siglo XIX durante el acelerado proceso de *nation-building*, en donde la construcción nacional fue tanto el sumario como el anhelo del invento decimonónico.[3]

Irónicamente, la simbología de Santiago Matamoros construida por la orden de Cluny durante la Edad Media fue abolida por los mismos franceses cuando reinaba José Bonaparte en España. Unos años después, su patronazgo apostólico fue de nuevo debatido apasionadamente por los liberales de las Cortes de Cádiz, quienes intentaron nacionalizar el símbolo para combatir a los invasores franceses durante la guerra de 1808. En las Cortes de Cádiz, Ostolaza pronunció un discurso más patriótico que religioso en contra de los franceses, reivindicando a Santiago como solemne patrón de España y alzando al apóstol como estandarte de una identidad nacional, en oposición a todo lo que no era español. Según Ostolaza, los franceses querían, con la abolición del Voto de Santiago, oscurecer las glorias antiguas de España y borrar su identidad nacional. Bajo estos presupuestos nacionalistas, Ostolaza insistía en

---

[3] La siguiente información, obtenida del estudio de Jo Labanyi, es solamente parcial y la presento con el objetivo de ilustrar mis argumentos: el Código Civil se establece en 1889; la Bolsa se crea en 1831; el Banco de España, en 1856, estableciendo la peseta en 1868; el territorio estatal se divide en las 50 provincias actuales en 1833; en la década de los cuarenta y cincuenta se crea la Red Nacional de Carreteras, con el Km. 0 en Madrid; en 1845 se unifica el sistema fiscal bajo el control del Estado español; en 1819 se fundó el Museo del Prado; cuantiosas historias de España se publican en esta misma década, entre las que aparecen los treinta volúmenes de la *Historia de España* de Modesto Lafuente; en la década de los sesenta, Amador de los Ríos publica la primera *Historia de la Literatura Española*; Menéndez Pelayo inventa la tradición de la intelectualidad española con la *Historia de los heterodoxos españoles*; aparecen los volúmenes de la *Ciencia española* en 1887; en 1892 se termina la renovación de la Biblioteca Nacional; en 1844 se funda la Guardia Civil como el primer cuerpo de policía estatal; en 1845 se presenta la legislación para unificar el plan de educación estatal; en 1822 y 1848 se unificaron los códigos penales; en 1857 se regulariza el censo; en 1870 se crea el Registro Civil, etc.

fomentar esta creencia [Santiago de España], aun cuando ella no fuese tan fundada, por el solo motivo de contribuir a nuestra gloria y ser los franceses los primeros enemigos de este voto.[4]

A raíz de este debate en las Cortes de Cádiz, y como bien ha señalado José Álvarez Junco en la introducción de su monumental estudio sobre el siglo XIX, «Santiago medieval, creación de los francos, pasaría a convertirse en encarnación de una identidad patria, más tarde nacional, y en especial del aspecto bélico de esa identidad».[5]

En el capítulo segundo estudiamos cuidadosamente las primeras manifestaciones letradas de una identidad protonacional en el análisis de la *Historia Silense* y en la *Crónica del emperador Alfonso VII*. De suma importancia en el estudio contemporáneo del reciclaje de la historia, y en especial de sus símbolos fundacionales, es la (re)interpretación que de la *Historia Silense* se llevó a cabo durante los siglos XIX y XX. Ya señalamos brevemente los comentarios excesivamente patrióticos de don Justo Pérez de Urbel con respecto a la representación que el anónimo monje de Silos lleva a cabo de los francos en la *Historia Silense*. Empero, en la edición crítica de 1959 se disculpa diciendo que

> no obstante, tenemos que disculparle y hasta elogiarle [al autor de la *Historia Silense*]. Las repeticiones y las digresiones [históricas] se deben, con frecuencia, a un entusiasmo patriótico, digno de la mayor alabanza [...] el silencio sobre varios reinados sin trascendencia se debe también a ese anhelo de exaltación nacional.[6]

El estudio de Pérez de Urbel termina defendiendo lo que él entiende como una actitud españolista del monje leonés, el cual, según nuestro historiador

> seguramente español, y tan fuerte sentía las glorias de su patria, que el nacionalismo le hace injusto con los franceses que por aquellos días abundaban en las cortes y en el ejército, en el clero secular y en el de los monasterios, en los caminos y en las ciudades.[7]

---

[4]   *Actas de las Cortes de Cádiz* V. II, ed. Enrique Tierno Galván (Madrid: Taurus, 1964), p. 922.
[5]   José Álvarez Junco, *Mater Dolorosa: la idea de España en el siglo XIX*, (Madrid: Taurus, 2001), p. 43.
[6]   *Historia Silense*, eds. Justo Pérez de Urbel, O. S. B. y Atilano González Ruiz Zorrilla (Madrid: Imprenta de Aldecoa, 1959), p. 19.
[7]   *Ibíd.*, p. 88.

Igualmente, el historiador Amador de los Ríos reseñó la *Historia Silense* a finales del siglo XIX, brindando solemnes elogios a su autor, quien, según su examen era

> docto en los estudios de la antigüedad, más esmerado en el uso de la lengua latina y más sano y abundante en el acopio y exposición de los hechos se muestra a la contemplación de la crítica el monje de Silos [...] merece especial estima por haber contribuido a establecer los cronicones, adulterados en su tiempo.[8]

Amador de los Ríos asegura que todos los hechos narrados en la *Historia Silense* son argumentos verídicos sobre los que se sostienen los cimientos históricos de la nación española. Ramón Menéndez Pidal también coincidió con las observaciones de Amador de los Ríos, a las que añade otras puntualizaciones «españolistas» sobre la *Historia de los reyes godos,* la obra de san Isidoro. Al leer esta última, señala Menéndez Pidal en su *Historia de España*, «asistimos al laborioso parto de España».[9] Aunque Menéndez Pidal tenía toda la razón al anticipar que para san Isidoro, la patria y los godos eran dos cosas inseparables, quizá iba un poco lejos al subrayar rotundamente que «el universalismo imperial desaparece quedando sólo representado por el universalismo eclesiástico, y surge un sentimiento contrario: el nacionalismo político y cultural».[10] Puede ser que Menéndez Pidal se adelantase a reconocer los gérmenes de este «nacionalismo político y cultural», ya que, como agente histórico portador de ciertos valores hegemónicos, no podía existir hasta el momento en que se forjó retrospectivamente desde la modernidad; es decir, el mismo momento en que él mismo escribió la *Historia de España* para afirmar una identidad nacional que, pese a su nebulosa historicidad, era la única vigente y, por lo tanto, imprescindible. La mecánica implícita en la (re)construcción nacional de Menéndez Pidal se beneficia del sello fundador por excelencia de un pasado y una historia apropiados por los valores y necesidades de su presente. El sentido, y el sentir al mismo tiempo, de la ideología de un pasado decimonónico han llegado a nosotros retroactivamente desde un futuro que se apropia de la historia y construye una España impermeable, mítica y sagrada, capaz de proyectarse indefinidamente en el futuro.

Si Menéndez Pidal nos aseguraba que con san Isidoro asistimos en la Alta Edad Media al «laborioso parto de España», no hay duda de que con la histo-

---

8   José Amador de los Ríos, *Historia crítica de la literatura española*, T. 2, (Madrid: Imprenta de J. Rodríguez, 1861), pp. 163-165.

9   Ramón Menéndez Pidal, «España Visigoda (414-711 de J.C.)», *Historia de España*, Prólogo V. III, (España. Madrid: Espasa-Calpe, 1940), p. 34.

10 *Ibíd.*, pp. 34-35.

riografía literaria llevada a cabo durante los siglos XIX y XX asistimos al bautismo y confirmación del proyecto de la nación española. Conviene señalar que el espíritu castellano que, según Menéndez Pidal, se siente en la historiografía de este período,[11] no parece estar reflejado en una lectura cuidadosa de la *Historia Silense*, a menos que entendamos los sentimientos de identidad leonesa como presupuestos imaginarios en una lectura teleológica de la hegemonía castellana.

Todas las «tradiciones inventadas», señala Eric Hobsbawm en *La invención de la tradición*, usan la historia hasta donde les es posible como legitimadora de la acción y cimiento de la cohesión del grupo.[12] Lo importante a partir de san Isidoro ya no fue la (re)construcción histórica en la memoria popular de una continuidad goda, sino la manera en que este material isidoriano se seleccionó y fue manipulado posteriormente por una minoría letrada, cuya función era precisamente escribir la historia que les legitimaba al frente de un proyecto de unificación, expansión y consolidación hegemónicas.

Reflexionando sobre las tesis de Montrose expuestas en los capítulos anteriores, podemos darnos cuenta que, al igual que san Isidoro, Menéndez Pidal «is engaged in shaping the modalities of social reality [...] within the world that they both constitute and inhabit».[13] La historiografía decimonónica, como bien se han ocupado de señalar José Antonio Maravall (*El concepto de España en la Edad Media*), Américo Castro (*La realidad histórica de España*) y Abilio Barbero (*Sobre los orígenes sociales de la Reconquista*), nos ha transmitido, aunque no creado, la incorrecta idea de que la monarquía asturiana continúa la dinastía goda, negando el hecho histórico de que el período de los godos finaliza con la invasión musulmana en el año 711.

El origen, por supuesto, del neogoticismo contemporáneo sobrepasa las barreras historiográficas del siglo XIX, ya que tiene sus raíces en los diferentes proyectos estatales que llevaron a cabo un sistemático adoctrinamiento ideológico durante la primera modernidad del siglo XVII. Este error de representación tiene su lógica estructural: la historiografía del XIX continuó apelando a la ascendencia goda de la identidad española y el rey Recaredo alcanzó durante el siglo XIX los mejores elogios nacionales. Amador de los Ríos, en el primer tomo de su *Historia crítica de la literatura española,* publicada en el año 1862, nos recuerda que

---

[11] Ramón Menéndez Pidal, «Los relatos poéticos en las crónicas medievales. Nuevas indicaciones», *Revista de Filología Española*, 10 (1923): 329-372.

[12] Eric Hobsbawm, *La invención de la tradición, op. cit.*, p. 19.

[13] Louis Montrose, «New Historicism», *Redrawing the Boundaries: The Transformation of English and American Literary Studies,* eds. Stephen Greenblatt y Giles Gunn, *op. cit.*, p. 396.

En aquel momento [Concilio III de Toledo y proclamación de la fe católica como unidad de los reinos visigodos] veía Recaredo cumplidos en esta forma sus deseos, podía asegurarse que no había existido la nación española [hasta aquel momento].[14]

Conviene detenerse y parafrasear las palabras del ilustre historiador: «todavía no había existido la nación española». El discurso se pronuncia desde una aserción teleológica muy típica en el siglo XIX, que asume una continuidad histórica en la que debe demostrarse la trayectoria lineal de la nación española dentro de un destino universal. Del mismo modo, Francisco Javier Simonet, catedrático de la Universidad de Granada, también publicó en 1891 su minucioso estudio sobre el Concilio III de Toledo titulado *El Concilio III de Toledo: base de la nacionalidad y civilización española*. En su estudio asegura, sin lugar a dudas, haber descubierto en el Santo Tribunal de la Inquisición creado por los Reyes Católicos las causas de la grandeza española:

¿Cuál era la causa de la grandeza española desde los Reyes Católicos hasta la guerra de la sucesión? Ya la conocéis. La unidad católica, mantenida incólume por el Santo Tribunal de la Inquisición. Si en lugar de perseguir a los herejes y aplicarle las penas establecidas por la ley, hubieran nuestros reyes tolerado la introducción y propagación de las ideas reformistas, España hubiera ofrecido al mundo el mismo espectáculo que Francia y Alemania, que Suiza e Inglaterra. Es menester no alucinarse. Las mismas causas producen siempre los mismos efectos a no ser que haya algún impedimento objetivo [léase la Inquisición] que impida o debilite o varíe la aplicación de la causa.[15]

Durante el siglo XX se han vuelto a reinterpretar las crónicas compostelanas y asturianas, dando lugar a la recuperación del mito jacobeo en La Rioja (lugar donde, por cierto, se encuentra el famoso cerro de Clavijo). Julián Cantera publicó, con gran fervor patriótico, un estudio en donde dedica un capítulo a los «sueños franceses», que conviene citar para mostrar la transposición de las ideas medievales a la ideología nacionalista en pleno siglo XX:

Los extranjeros, tan reacios a concedernos las apariciones de nuestro Patrón Santiago, no tienen inconveniente en otorgárselas a un rey extranjero y, olvidando

14 José Amador de los Ríos, *Historia crítica de la literatura española, op. cit.*, p.319.
15 Francisco Javier Simonet, *El Concilio III de Toledo: base de la nacionalidad y civilización española. Edición, políglota y peninsular en latín, vascuence, catalán, gallego, portugués. Precedida de un prólogo por D. Francisco Javier Simonet y de un estudio histórico por el P. Juan Antonio Zugasti, S.J. y publicada en conmemoración del XIII centenario del establecimiento de la unidad católica en España* (Madrid: Imprenta de Fortanet, 1891), p. 98.

la legítima gloria de nuestros primeros reyes de la Reconquista de haber limpiado la patria de enemigos, sin más ayuda que la de Dios, pretenden coronar con los laureles al emperador de la barba florida, que si vino no fue para librar la santa Iglesia sino para apoderarse de unas cuantas ciudades y ensanchar las fronteras de su reino.[16]

Los estudios sobre la etnogénesis han demostrado que las fronteras étnicas están casi siempre protegidas por símbolos culturales. Estos *symbolic borders guards,* por utilizar el término de John Armstrong, funcionan como depositarios de una identidad construida sobre los sustratos de la etnohistoria.[17] Si aceptamos el argumento de Stallaert,[18] que define la etnogénesis como el proceso que a lo largo del tiempo produce, reproduce y modifica una etnia y en donde no cabe la teoría del *big bang,* el estudio de los guardianes simbólicos de nuestras fronteras étnicas e históricas (Santiago, en el caso de la idea de España), así como de sus sucesivas modificaciones y metamorfosis, requiere de la aplicación de una metodología de estudio capaz de indagar en las raíces políticas y culturales de su propio contexto histórico para devolver los textos literarios a la época que los vio florecer, sin divorciarlos de sus complicidades sociales o ideológicas.

El diálogo que la Edad Media establece con la modernidad es evidente a través de un enfoque interdisciplinario, ya que éste pone de manifiesto el tipo de (re)construcciones de la historia social y cultural de una nación, condicionada, como siempre, por las diferentes ideas políticas y culturales que la proyectan en el tiempo. La evidencia de este diálogo en la academia española nos obliga a examinar el significado ideológico implícito en el discurso de ingreso del profesor Francisco Rodríguez Adrados en la Real Academia de la Historia el 22 de febrero de 2004. El periódico español *El Mundo* transcribe parte del discurso de ingreso:

> En este territorio, conquistado el año 714, surgieron desde muy pronto núcleos de resistencia en la Cordillera Cantábrica y los Pirineos que trataban de reconstruir la Hispania destruida. Todos ellos consideraban a España una unidad, lloraban por su

---

[16] Julián Cantera Orive, *La batalla de Clavijo y la aparición en ella de nuestro patrón Santiago* (Logroño: Gobierno de La Rioja, Consejería de Educación, 1997), p. 185.

[17] Véase John Armstrong, *Nations Before Nationalism* (North Carolina: University of North Carolina Press Chapel Hill, 1982) y Anthony Smith, *Chosen Peoples: Sacred Sources of National Identity* (Oxford: Oxford University Press, 2003), al igual que *Myths and memories of the nation, op. cit.*

[18] Christiane Stallaert, *Etnogénesis y etnicidad en España: una aproximación histórico-antropológica al casticismo* (Barcelona: Proyecto A Ediciones, 1998), pp. 13-16.

destrucción o se ayudaban en las batallas decisivas contra el moro [...] España se fue recreando a base de matrimonios y pactos, las guerras fueron siempre contra los enemigos externos y contribuyeron a afianzar la unidad.[19]

Rodríguez Adrados, siempre consciente de su agenda política, señala en otro artículo anterior al ingreso en la Academia «el buen camino» de la historia en España y advierte que, «si gobernara el PSOE, tendría que recoger velas y hacer reformas —una contrarreforma— en la misma dirección en que hoy se están haciendo».[20] En este capítulo veremos, como acertadamente señala Adrados, que en realidad se trataba de (re)construir la España destruida que todos consideraban una unidad, y que las guerras, especialmente en este país (cainista por antonomasia), no siempre fueron contra los enemigos externos. La «unidad nacional» a la cual se refiere el ilustre historiador es parte de una reconstrucción a priori del imaginario retrógrado de la España que se fue maquiavélicamente creando, una reconstrucción de España que responde más a una trampa teleológica que a una realidad histórica de su pasado.

El símbolo de Santiago de España es fundamental para expresar esta concepción mítica de la nación actual. El cronista oficial de esta España sagrada de los Reyes Católicos, don Diego Rodríguez de Almela (1426-1489?), publicó en su debido momento, y justo antes de suprimir todos los poderes políticos a la Orden Militar de Santiago en favor de la centralización castellana, la *Compilación de los victoriosos milagros del glorioso bienaventurado Apóstol Santiago,* en donde se recogen casi todas las apariciones escatológicas de Santiago antes de las batallas. El cronista castellano, al describir los hechos de la batalla de Clavijo, dice que los propios sarracenos «dieron fe e testimonio que lo vieron» y contaban, según la visión de los vencidos, por supuesto, escrita por los vencedores:

Santiago se presentó con grand compaña de cavalleros blancos y los moros vieron ángeles en el aire sobre ellos e que estos cavalleros blancos les semeiava a los moros que les destruían más que otra gente.[21]

---

[19] «Rodríguez Adrados se pregunta "¿Qué es España?" en su ingreso en la Real Academia de la Historia», *El Mundo* (22 de febrero, 2004), <http://www.elmundo.es/elmundo/2004/02/22/cultura/1077478467.html>.

[20] «Rodríguez Adrados defiende las Humanidades en un nuevo libro», *El Mundo* (3 de marzo, 2002), <http://www.elmundo.es/elmundolibro/2002/03/03/anticuario/1014825497.html>.

[21] Randall Sipes, *A Critical Edition of the Compilación de los Victoriosos Milagros del Glorioso Bienaventurado Apóstol Santiago by Diego Rodríguez de Almela,* Tesis doctoral, (Chapel Hill: Chapel Hill University Press, 1972), p. 37.

De Matamoros a Santiago Matarrojos: la Guerra Civil de 1936

Es importante señalar en este último capítulo, y en relación directa con la conciencia étnica del «ser español», la presencia de marroquíes durante la Guerra Civil de 1936 como aliados al alzamiento nacional-catolicista de los militares españoles destinados en África. Desde una perspectiva republicana, la invasión del territorio peninsular por las tropas rebeldes y africanas fue vista como una segunda invasión musulmana, que anunciaba la imagen del «moro Juan» sembrando el pánico en las ciudades ocupadas. Mientras tanto, en el frente ultra católico, el general Francisco Franco hablaba a los moros de «fe y amistad». Cito, según la trascripción del *Diario de Burgos*, parte del primer pronunciamiento de Franco a los marroquíes que regresaban de La Meca, a su paso por Sevilla el 2 de abril de 1937:

> Peregrinos de vuestra fe que regresáis orgullosos de vuestro Oriente [...] aquí en Sevilla podéis ver también en estas piedras la obra de vuestros antepasados. Yo celebro, como jefe del Estado y generalísimo del Ejército Nacional, haber podido ayudaros a lograr este objetivo [...] Yo deseo que meditéis en estas palabras: España y el Islam han sido siempre los pueblos que mejor se comprendieron. En estos momentos graves del mundo, cuando surge un peligro para todos, el peligro de los hombres sin fe, es cuando nos unimos todos los hombres de fe para combatir a los que no la tienen.[22]

Ideológicamente, Franco había encontrado en el pueblo magrebí una unidad en común para justificar el alzamiento en conjunto contra el nuevo enemigo, dejando deslizar todo aquello que no era parte del régimen totalitario franquista, y en especial la Segunda República, dentro de una categoría imaginaria de la alteridad previamente construida y demonizada durante siglos para la otredad musulmana. Los ideólogos del alzamiento fascista optaron por la proclamación de una cruzada santa al condenar el ateísmo republicano, y esto les llevó a encontrar en el pueblo magrebí una religión que, al igual que la católica, era monoteísta y que, incluso, compartía los mismos profetas. La coalición ideológica permitió justificar que los musulmanes, descendientes de los moriscos expulsados de España hacía cuatro siglos, invadiesen de nuevo la península junto con los ejércitos nacionalistas más radicales.

La demonización del moro por parte de las tropas republicanas y su histórica analogía con los acontecimientos de 711 no tardaron en aparecer, y con

---

[22] «Franco habla a los moros de Fe y Amistad», citado por Ricardo de La Cierva en *Francisco Franco: un siglo de España* (Madrid: Editorial Nacional Artes Gráficas F.M., S.A., 1973), p. 588.

ello la terrible imagen de «el moro Juan» violando a las mujeres, saqueando los hogares españoles y descuartizando con sangrienta barbarie todo lo que se encontraba por delante. El manifiesto elaborado por el Partido Comunista de España el 18 de agosto de 1936 aseguraba que

> las cenizas del obispo don Opas y del conde don Julián se habrán estremecido de júbilo. No se ha extinguido su raza de traidores [...] al cabo de varios siglos se repite su traición; curas y aristócratas, generales cobardes y señorcitos fascistas, sacan de lo hondo de las cábilas más feroces del Rif, los hombres de más bestiales instintos, a los que traen a España a pelear prometiéndoles toda clase de botín. Violaciones, asesinatos, robos: todo se consiente.[23]

Como consecuencia de esta nueva reaparición del musulmán en la escena política española, durante la Guerra Civil coexistieron dos visiones del marroquí que correspondían a dos ideas de España muy diferentes, pero simultáneas en el tiempo. Los republicanos, señala Martín Corrales, no tardaron en divulgar la participación de alemanes, italianos, portugueses y, sobre todo, marroquíes, en la Guerra Civil: «desde muy pronto se esforzaron en presentar la citada alianza como una nueva invasión, por lo que la contienda adquiría el carácter de una guerra de independencia de España, e incluso de una nueva Reconquista».[24] Conjuntamente, y aunque se divulgaba con sumo interés por parte de la República esta imagen negativa del moro fascista antiespañol, también se puso en práctica una estrategia para que los marroquíes desertaran de las filas franquistas y se pasaran al bando republicano. Con este fin se creó la Asociación de Amistad Hispano-Marroquí, cuando se imprimieron grandes cantidades de octavillas redactadas en lengua árabe con la intención de conseguir la deserción de los aliados al alzamiento fascista.

Ideológicamente, en esta oposición que se articulaba sobre la apropiación del magrebí al imaginario de una de las dos Españas, las tropas franquistas consideraron a los marroquíes como valiosos aliados en el alzamiento, hombres de fe capaces de dar su vida por ideales supremos. Martín Corrales, en su estudio sobre la imagen del magrebí en España, muestra una tira cómica en la que un joven protoespañol llamado Ben Alí se siente orgulloso de acompañar a su padre, «que iba a luchar por España, contra los judíos».[25] El régimen fascista no tardó en apropiarse de esta aversión compartida entre españoles y musul-

---

[23] Citado en el magnífico estudio de Eloy Martín Corrales, *La imagen del magrebí en España: una perspectiva histórica (siglos XVI-XX)* (Barcelona: Ediciones Bellaterra, 2002), p. 176.

[24] *Ibíd.*, p. 153.

[25] *Ibíd.*, p. 169

manes hacia los judíos y anarquistas, culpando a los primeros de haber contribuido a la decadencia de España e ideológicamente encasillándolos en el bando republicano. En estas manipulaciones ideológicas que se llevaron a cabo durante la Guerra Civil, podemos observar que la construcción de la alteridad es sólo una retórica para autodefinirse, por lo que las esferas políticas del bando fascista proyectaron una guerra civil con dos ideas de España totalmente incompatibles en el mismo espacio y tiempo, dando lugar a la necesidad de hurgar en el pasado histórico para rearticular un imaginario previamente demonizado de la Otredad, que pudiese contener a la «otra España» y, frente a ésta, presentar el alzamiento nacionalista como la inequívoca y legítima continuación histórica de la «España sagrada» iniciada por los Reyes Católicos.

En este período tan agitado y fecundo, como es el de la Segunda República y el de la Guerra Civil de 1936, es importante explorar en las fobias nacionales de una idea de España anclada en la esencia goda de su pasado medieval. En 1937 el papa Pío XII firmó una encíclica expresamente anticomunista apoyando el alzamiento nacionalista de los rebeldes en África. En ella, el papa asegura que las atrocidades comunistas en España emergen de un sistema sin freno que arranca a los hombres de la idea de Dios:

> Ningún particular que tenga buen juicio, ningún hombre de Estado consciente de su responsabilidad, puede por menos que temblar de horror al pensar que lo que hoy sucede en España tal vez pueda repetirse mañana en otras naciones civilizadas.[26]

Ricardo de la Cierva, quien nos proporciona la más completa biografía del general Francisco Franco y del franquismo, lo considera como el documento de mayor importancia que la Santa Sede publicó sobre la Guerra Civil española. Es posible que estas declaraciones papales calasen tan hondo en el pensamiento de Franco que llegara a crear en su mente, con carácter definitivo, la idea de cruzada como fuerza de conjunto entre las armas y la fe para preservar la esencia católica de la nación española frente al ateísmo, el anarquismo y el comunismo. Franco, al asumir esta posición ideológica, se vio obligado a explorar en el pasado de la historia española en busca de una justificación para el alzamiento nacionalista. En 1939 la encontró, y la revista *Acción Española* publicó una carta autógrafa de Franco que nos dice:

> Acción Católica, fiel a su título, representó en el transcurso de los años el refugio donde encontraron asilo los esforzados paladines de la inteligencia puesta al servicio de la Patria. En el martirologio nacional, la sangre de aquellos pensadores y sus

---

[26] Ricardo de la Cierva, *Francisco Franco T. III* (Madrid: Editorial Planeta, 1982), p. 126.

gestas heroicas hicieron más vigoroso el marcial grito de Santiago y cierra España.[27] (Francisco Franco, Salamanca 1937.)

Cuando un corresponsal de prensa norteamericano quiso indagar entonces sobre las posibilidades de un acuerdo que pusiera fin a la Guerra Civil que estaba consumiendo a España, obtuvo de Franco la respuesta de que «su España» volvería a ser católica aunque para ello tuviera que fusilar a medio país. Franco, como bien ha demostrado la historia, no estaba bromeando. En cuanto el general fascista pudo influir en la percepción que la gente debía tener de él, empezó a adoptar la misma máscara desmesurada de sí mismo que divulgaba su propia propaganda. Su afición a compararse con los grandes héroes guerreros y los constructores del imperio en la historia de España, sobre todo el Cid, Carlos V, Felipe II, al igual que su devoción al apóstol Santiago, se convirtió en una máscara en parte derivada de leer su propia prensa o escuchar los discursos de sus partidarios. En el mural *Alegoría a la Cruzada*, de Arturo Reque, Franco se representa a sí mismo como el Cid, mientras sobre el cosmos de la España sagrada se eleva el apóstol Santiago con flamígera espada en mano, destinada a segar las cabezas de los republicanos y ácratas, las cuales ruedan bajo los pies de los apegados regulares marroquíes, ubicados cuidadosamente en el margen derecho de este mural en donde se adora la santa figura del caudillo español.

Franco disfrutaba con las disparatadas exageraciones de su propaganda. A lo largo de toda su vida se dedicó a rescribir periódicamente su historia. El mejor ejemplo de este intento es su obra *Raza, anecdotario para el guión de una película*, inequívocamente autobiográfica. En la novela, y en la película posterior, la creación del protagonista de un marino heroico le sirvió para sustituir a su verdadero padre biológico y construir un personaje mítico que parece haberse escapado del romanticismo decimonónico. La (re)construcción de una identidad por parte de Franco y su representación en la pantalla funcionan como una perfecta analogía de lo que estaba ocurriendo en esa España que necesitaba de la invención de un pasado ancestral para legitimar su presente histórico.

---

[27] Citado por Ricardo de la Cierva en *Francisco Franco* T. III, *op. cit.*, p.131.

122 *Memorias del futuro*

Del aznarismo al efecto ZP: el problema de la representación de Santiago

En *Etnogénesis y etnicidad en España*, Christiane Stallaert señala que «la época franquista ha sido la última en la larga historia del país en que la idea del catolicismo biológico de los españoles ha sido propagada de manera oficial».[28] No obstante, la tesis que la antropóloga belga establece en su magnífico estudio merece una puntual revisión en los albores del siglo XXI. Este imaginario simbólico de la identidad del pueblo español, señalada por Stallaert como «catolicismo biológico», todavía sigue vigente en los actuales debates político-culturales sobre la idea de España. Sin ir más lejos, el arzobispo de Santiago, Julián Barrio, defendió el pasado 26 de julio de 2004 la anacrónica ocurrencia de que la Iglesia católica pudiese pronunciarse sobre cuestiones políticas. A esto se sumó la prédica del arzobispo abogando por el poder de la Iglesia para emitir juicios morales en la política, mientras enaltecía fervorosamente las raíces cristianas de España y atacaba el matrimonio homosexual en la homilía al apóstol Santiago celebrada el 25 de julio.[29]

La respuesta de Rodríguez Zapatero fue fulminante, e incluso ofensiva para muchos allí presentes: en un expresivo acto de rechazo, el recién elegido presidente del gobierno español esquivó el tradicional abrazo a la estatua del santo situada detrás del altar mayor. La crítica más conservadora nos narra el episodio de la siguiente manera:

> Subieron Sus Majestades los Reyes a dar el tradicional abrazo al Apóstol, y subió detrás el señor Presidente del Gobierno [...] subió a abrazar la imagen del Apóstol, que es abrazar la propia tradición, las propias raíces, la propia cultura y los valores más hondos de la conciencia del pueblo, y no la abrazó.[30]

Aparentemente, los discursos alternativos relacionados con la identidad nacional se apropian (aunque sea negando, que es otra forma de canibalismo ideológico) de representaciones simbólicas, con el fin de crear una disyuntiva histórica que se contraponga a los discursos y prácticas hegemónicas. Pero, ¿no simboliza el abrazo tradicional al apóstol la acogida de la tradición y señas de identidad hispánicas? ¿Estará manifestado en este rechazo el desprecio a la hispanidad de un Gobierno que considera a los símbolos religiosos como «reli-

---

[28] Christiane Stallaert, *Etnogénesis y etnicidad en España: una aproximación histórico-antropológica al casticismo* (Barcelona: Proyecto A Ediciones, 1998), p. 9.

[29] Carbajo y Posada, «Barrio defiende que la Iglesia se pronuncie sobre cuestiones políticas», *El País* (26 de julio, 2004).

[30] «No es verdad», *Desde la fe*, <www.alfayomega.es/estatico/anteriores/alfayomega413/desdelafe/noesverdad>.

quias del pasado» que deberían de ser excluidos de la política de un Estado aconfesional? Si es así, ¿cuál debería de ser entonces el papel de los símbolos religiosos en un Estado progresista? Empecemos por recordar al señor Rodríguez Zapatero que el Estado moderno nació dentro de la religión católica y que la memoria y el presente tienen historia: los símbolos religiosos no generan la identidad, la reflejan.

Bien es sabido que el debate actual sobre la memoria e identidad cristiana no queda circunscrito, en estos momentos, al marco de la hispanidad, sino que se encuentra presente en casi todo el continente europeo occidental. La preocupación, desde una posición laica y culturalmente cristiana, por la supuesta pérdida de las raíces religiosas europeas es evidente a lo largo de la epístola de Marcello Pera cuando advierte a Joseph Ratzinger que «si Europa acabara desapareciendo, los supervivientes seguirían debatiendo sobre quién tenía razón, Spengler o Toynbee».[31] Tan solo unas semanas después de los comentarios de Rodríguez Zapatero, el obispado de Alcalá de Henares publicó una declaración de su diócesis en la que anunciaba que en el mes de diciembre de 2004 tendría lugar una gran manifestación en Madrid para protestar sobre las reformas que el nuevo gobierno socialista estaba legislando y «movilizar a los fieles católicos en torno a los tres temas fundamentales de familia, vida y educación, sobre los que este Gobierno está legislando de forma tan poco dialogante».[32]

La historiografía medieval, y con ello la herencia genético-cultural de España, estudiada en los capítulos anteriores, ha posibilitado un dispositivo interpretativo de carácter esencialista sobre el cual se legitima el mito de una unidad nacional (léase nacional-catolicista, catolicismo biológico, etc.) basada en la hegemonía de la identidad castellana frente a la Otredad no castiza, y cuyo máximo exponente de este mito de España es el símbolo de Santiago Matamoros. Esta idea mítica de España como descendencia de la etnia goda se refleja en la comunidad política del presente (lo español y lo castizo) frente al islam, eterna amenaza exterior, y frente al ateísmo, que se representa como un cáncer interno acrecentado por las tendencias políticas del Estado aconfesional. Puede que sean conceptos ilusorios, pero muchos de ellos tocan en lo más fondo de las cuestiones identitarias del pueblo español.

Dos elementos claves señalan a la proyección de una identidad etno-simbólica en España: la continuidad y la reapropiación. Un tema central de lo que

---

31 Marcello Pera y Joseph Ratzinger, *Sin raíces: Europa, relativismo, cristianismo, islam*, trad. Bernardo Moreno y Pablo Largo (Barcelona: Ediciones Península, 2006), p. 81.

32 «La Iglesia católica prepara una gran manifestación para protestar contra algunas leyes del Gobierno socialista», *El Mundo* (25 de octubre, 2004), <http://www.elmundo.es/elmundo/2004/10/24/sociedad/1098636510.html>.

Anthony Smith entiende como *historical ethno-symbolism* es la relación que se establece entre la memoria compartida de una comunidad y la identidad cultural nacional. La memoria histórica, sea ésta imaginaria o real, es un pilar clave de la identidad cultural. Los historiadores del siglo XIX han jugado, como hemos visto en los capítulos anteriores, un papel importantísimo en la construcción activa —denominémosla en su categoría hegeliana de agente histórico— de la nación imaginada actual, reinventándola mediante el análisis de una continuidad de su esencia étnica. Con respecto a la reapropiación del pasado étnico-nacional, Smith señala magistralmente el papel de

> nationalist intelligentsias as political archeologist who aim, not to return to the past, but to recover its pristine ethos and reconstruct a modern nation in the image of a past ethnie. Hence, the quest for rediscovery, authentication, and reappropriation of the ethnic past by philologists, historians, archeologists and ethnologists.[33]

En el particular caso de España, la supuesta continuidad étnica y el imaginario político actual terminaron consolidándose en la inclusión del Estado-nación como objeto de estudio de la misma historiografía nacional que lo había creado. Esto es, se crearon los elementos necesarios para proyectar una visión teleológica de la idea de España que, inevitablemente, supeditó cualquier otra propuesta a la victoria de la religión cristiana sobre todo lo no católico. Sin embargo, y ésta es la gran paradoja de toda construcción identitaria, la presencia de la alteridad es sumamente necesaria en la auto-representación del individuo que posee una identidad capaz de mostrarse visible en sus diferencias con lo que no es. Regresando al admirable estudio de Stallaert, podemos darnos cuenta de que

> en multitud de expresiones y refranes, la lengua castellana divide a la humanidad en dos categorías: los cristianos y los moros. Lo que obedece a la propia norma étnica es calificado de cristiano; lo demás es moro. Si la lengua propia es cristiana por excelencia (hablar cristiano), toda lengua extranjera o todo lenguaje incomprensible es algarabía [...] La referencia a la época mora sigue siendo un ingrediente sustancial del folklore y de las leyendas españolas. El mito fundador de numerosos pueblos españoles remite al «tiempo de los moros», que en algunos casos adquiere resonancias bíblicas.[34]

---

[33]   Anthony Smith, *Myth and Memories of the Nation, op. cit.*, p. 12.

[34]   Christiane Stallaert, *Etnogénesis y etnicidad en España, op. cit.*, pp.10-11. Léanse las cinco definiciones del *Diccionario de la Real Academia Española* para el vocablo «algarabía» (Del ár. hisp. al'arabíyya, y este del ár. clás. 'arabiyyah): 1. f. Lengua árabe. 2. f. coloq. Lengua o escritura ininteligible. 3. f. coloq. Gritería confusa de varias personas que hablan a un tiempo. 4. f. coloq. p. us. Manera de hablar atropelladamente y pronunciando mal las palabras. 5. f. p. us. Enredo, maraña.

Esta propuesta de Stallaert, que sutilmente subraya la dicotomía moro-cristiana en las representaciones identitarias del pueblo español, se refleja actualmente en el discurso pronunciado por José María Aznar en la Universidad de Georgetown con motivo de la inauguración del curso académico 2004. Con temple de cruzado imperial y refiriéndose al problema del terrorismo internacional, Aznar aseguraba ante el incrédulo público americano que

> The problem Spain has with Al Qaeda and Islamic terrorism did not begin with the Iraq Crisis. In fact, it has nothing to do with government decisions. You must go back no less than 1,300 years, to the early 8th century, when a Spain recently invaded by the Moors refused to become just another piece in the Islamic world and began a long battle to recover its identity. This Reconquista process was very long, lasting some 800 years. However, it ended successfully. There are many radical Muslims who continue to recall that defeat, many more than any rational Western mind might suspect. Osama Bin Laden is one of them.[35]

La tesis de Aznar nos ubica en el año 711 durante el despertar de España, siendo el «despertar» (*awakening*) uno de los vocablos más usados por los estudiosos del nacionalismo moderno. Todas las representaciones de la identidad tienden a articularse como procesos arqueológicos marcados por la insistencia de su constante recuperación y (re)construcción. En esta proyección mítica de España se articulan conceptos de identidad que, en función de las dicotomías cristiano-musulmán y radical-racional, muestran el espejo imaginario de una idea de España que niega la presencia de un pasado islámico, pero que al mismo tiempo la recupera y la necesita, aunque sólo sea para negarla y, con ello, afirmar la ficcionalización de su propio discurso identitario.

El discurso de Aznar pone de manifiesto que las naciones modernas son comunidades imaginadas, que poseen identidades étnicas creadas por el Estado a partir de una reconstrucción imaginada, aludiendo a un tiempo primordial y sagrado. En este proceso de construcción de la identidad nacional se subrayan algunos referentes institucionales de interpelación emotiva, que actúan de la misma forma en que Althusser define la función de los aparatos ideológicos del Estado como aquellos mecanismos de la ideología capaces de interpelar al individuo como sujeto de una colectividad a la que no tiene otra opción más que la de pertenencia. En la tesis de Althusser, la ideología abarca toda una amplia relación del individuo con los parámetros que marcan y construyen su identidad. Ante todo, en esta relación imaginaria no está representado el sistema de relaciones sociales que manipula, de forma inconsciente, la existencia

---

[35]   José María Aznar, «Seven Theses on Today's Terrorism», Georgetown University, Georgetown (21 de septiembre, 2004).

de los individuos dentro de una comunidad en particular, sino más bien lo que queda representado por medio del discurso ideológico es la relación imaginaria de los individuos con las condiciones reales que los gobiernan sus existencia desde las esferas de poder. La relación althusseriana entre ideología-ilusión-alusión resulta útil para entender la concepción mítica de España en el discurso de Aznar:

> No son sus condiciones reales de existencia, su mundo real, lo que los hombres se representan en la ideología, sino que lo representado es ante todo la relación que existe entre ellos y las condiciones de existencia. Tal relación es el punto central de toda representación ideológica, y por lo tanto imaginaria, del mundo real.[36]

A la luz de estas teorías de Althusser, la representación de España en el discurso de Aznar responde a los mecanismos de identificación colectiva que apelan a la pertenencia del individuo a la sociedad, asumiendo la esencia mítica de la identidad nacional, ya que ésta última funciona como refractario de una colectividad cristiana «racional» y «triunfante», frente a la otra alternativa presente en el discurso, la alternativa «radical» e «irracional» del islam. De hecho, este discurso no debate la existencia de una esencia de España, sino la relación de esta esencia con el islam.

Esta propuesta ideológica del Partido Popular no es novedosa, aunque sí preocupante desde el punto de vista historiográfico. En la última década, la Real Academia de la Historia, un aliado muy próximo al Partido Popular ha lanzado una extensa colección de volúmenes que, junto con la serie *Historia de España* coordinada por García de Cortazar para TVE, reactivaron algunos de esos conceptos históricos tan propios del siglo XIX. Empero, y como contrapunto, también hemos visto en el mundo académico español la publicación de trabajos de gran calidad relacionados con la historiografía española del siglo XIX, la mayoría de ellos en las líneas de historiografía marxista iniciada por Ernest Gellner y Eric Hobsbawm.[37]

---

[36]   Louis Althusser, *Ideología y aparatos ideológicos de Estado, op. cit.*, p. 55.
[37]   Véase: *Historiografía y nacionalismo español (1834-1868)* una colección monográfica editada por Paloma Cirujano (Madrid: Centro de Estudios Históricos, 1985). Andrés de Blas, *Sobre el nacionalismo Español* (Madrid: Centro de Estudios Constitucionales, 1989). Y el volumen de *Hispania* (septiembre-diciembre 2001). Además tenemos el maravilloso estudio de Mar-Molinero *España, ¿Nación de naciones?* (Madrid: Marcial Pons, 2002), y el volumen de *Historia y Política: ideas procesos y movimientos sociales*, dedicado al nacionalismo español y las políticas de la memoria, entre los que destaca la monografía de Javier Ugarte Tellería, *El nacionalismo vasco: mitos, conmemoraciones y lugares de la memoria* (Madrid: Biblioteca Nueva, 2006).

El uso de mitos para legitimar la «nacionalización de la historia», como puntualmente expone Pérez Garzón, está muy presente en los discursos conservadores españoles.[38] Aparentemente, ha demostrado servir hábilmente a los intereses del discurso hegemónico porque sitúa la idea de España en un momento ahistórico que no puede ser puesto en cuestión desde el momento en que responde a (a la vez que crea) una base emocional (y por tanto ideológica) capaz de satisfacer a todos los españoles que se ven forzados a reconocerse a sí mismos en la representación de la nación puesta de manifiesto en la simbología de Santiago.

---

[38] Pérez Garzón, *La gestión de la memoria: la historia de España al servicio del poder*, *op. cit.* Entre los más recientes trabajos que practican la nacionalización de la historia, véanse: García de Cortázar, *Los mitos de la historia de España* (Barcelona: Planeta, 2003) y Gustavo Bueno, *España no es un mito* (Madrid: Temas de Hoy, 2005). Podríamos también argumentar, aunque queda fuera de este estudio, que la Segunda República Española ha llegado a convertirse en otro mito dentro de los discursos de la izquierda progresista del PSOE e Izquierda Unida.

CONCLUSIONES

¿A qué llamamos España? y ¿en qué consiste el problema de ser español?, son las preguntas sobre las que reflexionaba Pedro Laín, quizá sin darse cuenta de la trampa teleológica que se esconde tras el carácter modernista de tal planteamiento.[1] En este trabajo hemos visto que las manifestaciones identitarias de España, relegadas históricamente a expresiones de carácter lingüístico, tienden a quedar reducidas por la polémica interpretativa, mientras se articulan maquinalmente como un reto a la indagación en la esencia del ser —i. e., Américo Castro, Sánchez Albornoz, García Morente, Ortega y Gasset, Pedro Laín Entralgo, Unamuno, Juan Goytisolo, etc.—. La pregunta ¿qué es España? puede ser que no llegue nunca a tener una respuesta basada en el conocimiento empírico o en la definición objetiva, como lo es en otros Estados-naciones laicos que emergieron en el siglo XIX.

En los albores del siglo XXI, la indagación sobre la esencia española se traduce en afines interpretaciones históricas de una identidad supuestamente colectiva que parece competer más a la metafísica que al análisis científico, pero que paradójicamente pone de manifiesto las correspondientes agendas de carácter político-ideológico. La gran ironía es que se habla mucho de la pluralidad del Estado español, mientras se intenta reducir esta pluralidad a una noción única, a un sólo concepto, en muchos grados impuesto por la consolidación institucional de un imaginario histórico que, como bien señala Ramos Loscertales en *Los jueces de Castilla*, pone en evidencia la idiosincrasia mitofílica (mutabilidad, flexibilidad, adaptación) del pensamiento hispano. Esta construcción del «carácter de España», cualquiera que sea su esencia mítica (la neogótica, la España de la convivencia tolerante, la imperial, etc.) dentro de la plasticidad inherente del mito, nos ofrece una identidad prefabricada, que convierte a los individuos en portavoces involuntarios de algo (un concepto, quizá) que, como puntualmente denunció Goytisolo en la *Reivindicación del conde don Julián*, «nos da una etiqueta y nos fabrica una máscara».[2]

---

[1]   Pedro Laín Entralgo, *¿A qué llamamos España?* 2ª ed. (Madrid: Espasa-Calpe, 1972).
[2]   Juan Goytisolo, *Reivindicación del conde don Julián* (Madrid: Alianza Editorial, 1970), p. 116.

No obstante, una cuidadosa y analítica aproximación al «carácter de España» mediante el estudio del símbolo de Santiago nos ha permitido a lo largo de este trabajo entender las paradojas identitarias y las contradicciones empíricas reducidas a la representación del lenguaje conceptual. La aproximación heurística y la metodología de análisis presentadas en este trabajo aportan, sin lugar a dudas, una excelente, e incluso provocativa, visión del apasionante fenómeno jacobeo, en cuya fenomenología están presentes los aspectos simbólicos y míticos, artísticos y literarios, europeos y americanos, que se expresan a través del símbolo de Santiago. Al escribir la conclusión de este trabajo no nos ha parecido oportuno recalcar los avatares del ya conocido nacional-catolicismo español, sino más bien reflexionar y proponer para futuros trabajos algunos aspectos que, en esta investigación, han sido esbozados, pero que en un futuro podrían ser ampliados, matizados o incluso actualizados. El objetivo de este estudio fue señalar sobre todo el carácter simbólico de Santiago como forma de acercamiento a la siempre problemática cuestión de la identidad nacional, para que el lector juzgue y medite libremente sobre la esencia de «este país». Los españoles seguimos viviendo en una sociedad sacra que, sin darnos cuenta, es una herencia de los contactos culturales con las culturas islámicas y hebreas. Como resultado, las cuestiones y diferenciaciones religiosas y laicas nunca han sido en nuestra historia nociones pacíficas o racionalmente abiertas al debate. El laicismo y el ateísmo propios de la modernidad han sido siempre militantes y antirreligiosos. Nuestras guerras, a diferencia de las de otras culturas (quiero evitar la palabra civilización), siempre han sido religiosas, tanto desde la política del gobierno «por la gracia de Dios» como desde el más afianzado odio hacia toda institución eclesiástica; pero, al fin de cuentas, tanto unas como otras han sido guerras religiosas, cruzadas, donde la conciencia predominante era aquella que se veía como «el pueblo elegido de Dios», «el martillo de los herejes» o «el sagrario de Occidente». Es por esto que muchos intelectuales españoles del siglo XX gritaron, al igual que lo hizo Unamuno, que había que descatolizar a España.

No dejan, pues, de llamar la atención las actuales manipulaciones institucionales por parte de las elites eclesiásticas en cuanto al catolicismo biológico y la etnogénesis del pueblo español. Hemos visto cómo el arzobispado de Santiago se ha pronunciado recientemente sobre cuestiones políticas. Y cómo tan solo unas semanas después de los brutales ataques terroristas del 11 de marzo del 2004, las autoridades catedralicias en la ciudad de Santiago cubrieron la base de la estatua del apóstol matamoros con una tela blanca para ocultar las cabezas decapitadas de los musulmanes mientras anunciaban la inmediata retirada de la estatua de la entrada a la catedral. Entre las razones expuestas para justificar el traslado de la estatua de José Gambino estaba la de «no herir la sensibilidad de la población islámica»,[3] insistiendo en que «no se trataba de una decisión oportunista, y que tampoco era el resultado del miedo a fanáticos de ninguna clase pues la retirada de Santiago Matamoros no tenía nada que ver con el 11 de marzo o el 11 de septiembre». Según Alejandro Barral, la decisión fue tomada unos años antes y simplemente no se había llevado a la práctica. Las autoridades comentaron también que la idea fundamental era «devolver al santo su imagen original, Santiago como apóstol o peregrino que llevó la palabra de Dios a la península Ibérica». Según Barral, «la imagen barroca de Santiago alzando su espada y cortando las cabezas de los moros no es una imagen muy sensible o evangelizadora que encaje con las enseñanzas de Cristo».[4]

En este trabajo hemos examinado el modo en que el imaginario de la nación española presente en la polémica estatua de Gambino niega la legitimidad histórica de otras culturas en la península Ibérica (significado). También hemos visto que los aparatos ideológicos a través de los cuales se representa la idea de España ponen más énfasis en una apelación emocional al individuo que en la imposición de los valores dominantes. En otras palabras, las prácticas hegemónicas no son únicamente represivas (sí lo son desde el momento en que la estatua niega la presencia de otras interpretaciones históricas ya que los musulmanes yacen decapitados bajo los pies de Santiago), sino también son emocionales en el sentido de que ofrecen la posibilidad de pertenecer a una comunidad que comparte sus valores e identidad patria con Santiago Apóstol, discípulo favorito de Cristo. ¿Qué otra cosa puede uno pedir si ya pertenece a una nación cristiana de primera clase fundada por Santiago?

La ideología se convierte, pues, en el eslabón invisible entre los mitos (la España sagrada) y su representación simbólica (Santiago Matamoros). Este eslabón puede también vislumbrarse mediante la comprensión de que los mitos son una forma de pensar que sólo puede ser representada de forma simbólica. Recordemos que para Eliade,

[La mitología] está siempre relacionada con la creación, nos habla de cómo algo comienza a existir, o cómo se establece un patrón de ideas, una institución, o una forma de funcionar; éste es el motivo por el que la mitología constituye el paradigma de todos los actos humanos significativos [...] y cada uno, de una forma u otra, vive la mitología, en el la manera en que valorado lo sagrado y ensalzando los eventos recordados o reconstruidos.[5]

---

3   «Church to remove Moor-slayer saint», *BBC News Online* (3 de mayo de 2004).
4   *Ibíd*. La traducción de la entrevista a Barral es mía. La entrevista original en inglés se encuentra en el artículo anteriormente citado.
5   La traducción es mía, de Mircea Eliade, *The Myth of the Eternal Return* (New York: Pantheon Books, 1954), pp. 18-19.

El traslado de Santiago Matamoros responde, quizá inconscientemente o como manifestación de la ignorancia que reina en las altas esferas institucionales de este país, a los mecanismos sociales de afiliación colectiva y pertenencia, señalados sutilmente por Benedict Anderson en su aclamado estudio sobre el carácter imaginado de las comunidades, en donde se subraya el papel privilegiado del museo.[6] En la academia española, ha sido Santos Zunzunegui quien ha destacado la idiosincrasia de los museos dentro de la construcción de un espacio privilegiado que reproduce un ritual secular de identificación colectiva:

> El museo aparece, desde un principio, como un campo de ejercicios sintácticos que propone una meditación entre los valores sociales fundamentales presentes en las obras de arte y los espectadores. Es, pues, evidente que estamos ante el ejercicio de una estrategia institucional que busca en el hacer del público usuario del museo para educarle, instruirle y emocionarle, poniendo a su alcance y permitiéndole participar de los valores encarnados en el patrimonio artístico comunitario.[7]

El hecho de proponer el traslado de la estatua de Santiago Matamoros de un espacio sagrado (la catedral) a otro profano-secular (el museo) comprende una gran carga semántica que responde más a apelaciones emotivas que a racionales. En el argumento de Zunzunegui se expone una tesis que identifica el museo como un espacio laico en oposición a otro sagrado, y en donde se posibilita la celebración de una ceremonia civil de la comunidad a la misma vez que se legitiman diferentes imaginarios que, según el crítico semiótico, «provide for the reformulation of relations between the visible world of present objects and the invisible world of the signification embedded in them».[8]

Concluyamos estos argumentos señalando que una de las principales características del símbolo es su capacidad de encender pasiones y de acumular una multiplicidad sincrónica de significados y negaciones culturales que, de otra manera, serían incapaces de expresarse coherentemente. La expresión simbólica de Santiago de España no invalida otras interpelaciones imaginarias del mismo, como lo son su identidad de capitán, de matamoros, de peregrino, de mataindios, de apóstol, o la de un simple exánime patrón de España que espe-

---

6   Benedict Anderson, *Imagined Communities: Reflections on the Origin and Spread of Nationalism*, (London: Verso, 1991), pp. 16-29.
7   Santos Zunzunegui, *Metamorfosis de la mirada: museo y semiótica* (Madrid: Cátedra, 2003), p. 49.
8   Santos Zunzunegui, «Architectures of the Gaze», *Critical Practices in Post-Franco Spain*, eds. Silvia L. López, Jenaro Talens, Darío Villanueva (Minneapolis: University of Minnesota Press, 1994), pp. 43-44.

ra pacientemente en la catedral compostelana el abrazo de las autoridades políticas para volver a renacer (aunque los símbolos nunca mueren) y cobrar significado social: bien mediante el chabacano y rutinario abrazo del rey don Juan Carlos, quien ambiguamente representa la (dis)continuidad con el pasado, bien mediante el tímido e incidental roce transmitido por el presidente Zapatero el 25 de julio de 2004, cuando mostró su más profunda indecisión de abrazar o no al apóstol porque, aunque intente negarlo y predique el laicismo a los cuatro vientos, Zapatero es igualmente consciente del poderío simbólico de Santiago y de la posible trascendencia política de una identificación directa, mediante el abrazo, con el apóstol y todo lo que él significa.

Sobre este incidente que sucedió durante los primeros meses de la política presidencial de Rodríguez Zapatero, la revista católica *Desde la fe* critica la ambigüedad de la postura política del dirigente socialista frente a la esencia de la nación española que, según nos asegura, «guste o deje de gustar se declara mayoritariamente católica». La alarma social saltó a los cuatro vientos y la cuestión indagaba en si el presidente «estaba allí a título personal —cosa que no parece probable—, o estaba allí como Presidente del Gobierno de España y en representación del pueblo español». ¿Está la representación de Santiago en crisis? ¿Abrazó o no abrazó Zapatero a Santiago? ¿Quería abrazarlo y no pudo? ¿Podía abrazarlo? Según al artículo titulado «No es verdad»:

> Subieron Sus Majestades los Reyes a dar el tradicional abrazo al Apóstol, y subió detrás el señor Presidente del Gobierno, y todo lo que hizo fue lo que se ve en la foto [...] ¡oh poder inconmensurable de los posibles votos a ganar o a perder!—, subió a abrazar la imagen del Apóstol, que es abrazar la propia tradición, las propias raíces, la propia cultura y los valores más hondos de la conciencia del pueblo, y no la abrazó.[9]

Eliade nos recuerda que si reducimos la capacidad expresiva del símbolo a un solo significado caemos en la trampa de no entender el autentico mensaje del símbolo. Los símbolos, por su capacidad ontológica de expresar diferentes manifestaciones de orden social, cultural y político, sin reducir ninguna de ellas a estructuras unilaterales, son idóneos para abrazar las múltiples resemantizaciones y contradicciones que las ideas no pueden expresar mediante el lenguaje analítico y racional.[10] La irreducible capacidad simbólica de Santiago

---

[9]   Todas las citas provienen del artículo «No es verdad», *Desde la fe*, <www.alfayomega.es/estatico/anteriores/alfayomega413/desdelafe/noesverdad.html>.

[10] Como análisis comparativo que puede ilustrar la validez de mi tesis remito al artículo de Dennis Ross, «Arafat: la muerte de un símbolo», *El País* (7 de noviembre, 2004): «fue él quien consiguió crear al menos una apariencia de unidad entre un pueblo siempre

de España nos permite acercarnos a las múltiples estructuras de lo «real» expresadas en los diferentes mitos de España. La capacidad antropófaga de Santiago de España, capaz de absorber lo real y llevarlo al plano de lo simbólico, así como su polifonía semántica, sobrepasan aquellas realidades que intentan transmitirse en conceptos empíricos, muchas veces arrollados por las contradicciones del pensamiento moderno. Eliade también nos ha señalado, a lo largo de este trabajo, la deficiencia del lenguaje conceptual frente a la comunicación simbólica, en base a que los conceptos no pueden transmitirnos el significado existencialista presente en las estructuras de nuestra realidad.[11] El símbolo de Santiago de España permite expresar la multiplicidad semántica existente entre los diferentes niveles de realidad que han habitado la idea de España. La resemantización del símbolo de Santiago se ha llevado a cabo guardando la heteroglosia y la memoria de sus anteriores propuestas, que nunca han sido, ni serán, totalmente desplazadas por las nuevas comprensiones. La relectura de su pasado se encuentra implícita en las huellas del símbolo.

En este trabajo hemos visto cómo el mito es una forma de pensamiento que sólo puede expresarse mediante símbolos que, a su vez, muestran la estructura de la realidad, que no puede ser captada de ninguna otra manera. La «historia» puesta de manifiesto a través del mito no se corresponde con una concepción cronológica de la historia moderna, sino que, como hemos visto a lo largo de mi argumento corresponde a una historia eterna y primordial que puede ser recuperada inconsciente e indefinidamente mediante el ritual; se suprime el tiempo cronológico y se entra en un tiempo sagrado y mítico: el tiempo del eterno retorno. El mito nos permite descubrir aquello que *en realidad* sucedió y que sirvió para constituir nuestra concepción del cosmos en el que habitamos. El mito, el símbolo y el ritual expresan, en niveles diferentes y cada uno con su propia idiosincrasia, un sistema complejo, pero a su vez coherente, de representación de identidades colectivas.

Al final de este trabajo somos conscientes de que esta aproximación al carácter de una España definida por su esencia mítica es novedosa, y quizá provocativa, pero intelectualmente estimulante, ya que permite acercarnos a una acumulación de mitos de España que todavía actúan como agentes históricos en el imaginario político y cultural del presente. La preferencia por usar definiciones como «carácter nacional» en vez de «identidad nacional» tiene sus

---

dividido por el clan, la tribu, la región y la ideología. Poco importa qué parte del legado de Arafat es un mito, o qué parte es realidad. Lo cierto es que Arafat siempre ha conseguido mucho más como símbolo que como dirigente. Como símbolo, sólo tenía que encender las pasiones...»

[11] Mircea Eliade, *Mito y realidad*, *op. cit.*, pp.7-21.

matices cognitivos. Perry Anderson, en su estudio *Nation-States and National Identities*, advierte que

> The concept of character is in principle comprehensive [...] self-sufficient, needing no external reference for its definition; it is mutable, allowing for partial or general modifications. By contrast, the notion of identity has a more selective charge [...] implying some element of alterity for its definition; and perpetual, indicating what is continuously the same.[12]

A la luz de las definiciones de Anderson, afirmar la existencia de un «carácter nacional» que defina lo español sobre la misma base de la heterogeneidad española, aun siquiera como objeto de estudio, sería negar la propia validez del concepto que se usa. Cuanto más se afirma la homogeneidad de tal carácter nacional más vacío va quedando su contenido. Las definiciones de carácter colectivo que a lo largo de la (re)construcción histórica de España se han propuesto y analizado en este trabajo son incapaces de dar una respuesta válida a los cambios reales y concretos que se producen en el transcurso histórico de una colectividad y que van implícitos en la misma definición del objeto de estudio.

No es de extrañar que la indagación sobre el «carácter de España» descarte rotundamente su comprobación empírica. Una aproximación más provechosa radica, como hemos hecho en este estudio, en extraerlas del plano simbólico de la metáfora y de la metafísica inscrita en la fluidez del símbolo de Santiago. La unidad de España no se hizo por motivos políticos racionalistas, sino por motivos religiosos y por el impulso vital de la supervivencia de la casta cristiana sobre las castas mora y judía. Soy consciente de que en los albores del siglo XXI este trabajo puede dialogar con los discursos identitarios actuales y cobrar plena vigencia. Vivimos en una época en la cual la problemática de la identidad española tiene grandes similitudes con otros momentos históricos descritos en este trabajo. Dejo a la agudeza del lector meditar y beneficiarse de la esencia poliédrica del apóstol Santiago que encubre los devaneos históricos, donde han coincidido diferentes ideas de España en un tapiz que nos ayuda a entender las propuestas de inclusión y exclusión, de exoterismo y esoterismo, de aquello que abraza y de lo que rechaza. Santiago ha sido y sigue siendo un santo de fronteras políticas, militares, culturales..., pero, sobre todo, ideológicas.

---

[12]   Perry Anderson, «Nation-States and National Identities», *London Review of Books* 9 (May 1991): 7.

BIBLIOGRAFÍA

Actas de las Cortes de Cádiz T. 2. Ed. Enrique Tierno Galván. Madrid: Taurus, 1964.

Aers, David. «Rewriting the Middle Ages: Some Suggestions». *The Journal for Medieval and Renaissance Studies* 18. 2 (Fall 1988): 221-240.

Althusser, Louis. *Ideología y aparatos ideológicos del Estado*. Trad. Alberto J. Pla. Buenos Aires: Ediciones Nueva Visión, 1984.

Álvarez Junco, José. *Mater Dolorosa: la idea de España en el siglo XIX*. Madrid: Taurus, 2001.

Anderson, Benedict. *Imagined Communities: Reflections on the Origin and Spread of Nationalism*. London: Verso, 1991.

Anderson, Perry. «Nation-States and National Identities». *London Review of Books* 9 (May 1991): 3-8.

Arias y Arias, Ricardo. *El concepto del destino en la literatura medieval española*. Madrid: Ínsula, 1970.

Aristóteles. *Poética*. Trad. Juan Pablo Mártir Rizo. Köln: Westdeutscher Verlag, 1965.

Armstrong, John. *Nations Before Nationalism*. North Carolina: University of North Carolina Press Chapel Hill, 1982.

Aznar, José María. «Seven Theses on Today's Terrorism». Online: Georgetown University <http://data.georgetown.edu/president/aznar/inauguraladdress.html>.

Barbero, Abilio y Vigil Pascual, Marcelo. *Sobre los orígenes sociales de la reconquista*. Barcelona: Editorial Ariel, 1974.

—, *La formación del feudalismo en la Península Ibérica*. Barcelona: Editorial Crítica, 1978.

Barreiro Rivas, José Luis. *La función política de los caminos de peregrinación en la Europa medieval: estudio del Camino de Santiago*. Madrid: Tecnos, 1997.

Beckwith, Stacy. «Al-Andalus/Iberia/Sepharad: Memory Among Modern Discourses». *Charting Memory: Recalling Medieval Spain*. Ed. Stacy N. Beckwith. New York: Garland Publishing, 2000.

Bédier, Joseph. *Les légendes épiques: recherches sur la formation des chansons de geste* 4 Vol. Paris: H. Champion, 1908-1913.

Bell, Catherine. *Ritual Theory, Ritual Practice*. Oxford: Oxford University Press, 1992.

Bennassar, Bartolomé. *Saint-Jacques de-Compostelle*. Paris: Julliard, 1970.

Berceo, Gonzalo. «Milagros de Nuestra Señora: Milagro VIII». *Poetas castellanos anteriores al siglo XV* (B. A. E., T. 6). Madrid: Editorial Rivandeneyva, 1964.

Blázquez, Antonio y Aguilera, Delgado. *Estudios de historia y crítica medievales: el silense: su crónica y sus colaboradores*. El Escorial: Imprenta del Real Monasterio de El Escorial, 1925.

Bueno, Gustavo. *España no es un mito: claves para una defensa razonada*. Madrid: Temas de Hoy, 2005.

Camón Aznar, José (Ed.). *Beati in Apocalipsin libri duodecim, Codex Gerundensis A.D. 975*. Madrid, 1975.

Campmany, Jaime. «Santiago Matamoros». *ABC* martes 11 de mayo de 2004.

Cantera Orive, Julián. *La batalla de Clavijo y la aparición en ella de nuestro patrón Santiago*. Logroño: Gobierno de La Rioja, Consejería de Educación, 1997.

Carbajo y Posada, «El arzobispo de Santiago ataca ante el rey el matrimonio homosexual». *El País* lunes 26 de julio de 2004, España, p. 20.

Carro García, Jesús. «El privilegio de Alfonso VII al monasterio de Anteaultares». *Cuadernos de estudios gallegos* 21 (1952): 145-157.

—, «La Escritura de Concordia entre Don Diego Peláez, Obispo de Santiago, y San Fagildo Abad del Monasterio de Anteaultares». *Cuadernos de estudios gallegos* 12 (1949): 111-122.

Casanovas, Jaime y Dubler, Cesar (Eds.). *Sancti Beati a Liebana in Apocalypsin, Codex Gerundensis*. Laussane, 1962.

Casariego, Jesús Evaristo. *Historias asturianas de hace más de mil años: edición bilingüe de las crónicas ovetenses del siglo IX y de otros documentos*. Oviedo: Principado de Asturias/Instituto de Estudios Asturianos, 1983.

Castro, Américo. *La realidad histórica de España*. 2ª ed. México, D. F.: Editorial Porrúa, 1962.

—, *Santiago de España*. Buenos Aires: Emecé Editores, 1958.

—, *De la edad conflictiva*. 2ª ed. Madrid: Taurus, 1963.

Castro Guisasola, Florentino. *El cantar de la conquista de Almería por Alfonso VII: un poema hispano-latino del siglo XII*. Ed. Florentino Castro, prólogo J. J. Tornes. Almería: Instituto de Estudios Almerienses, 1992.

Chadwick, Henry. *Priscillian of Avila: The Occult and the Charismatic in the Early Church*. Oxford: Clarendon Press, 1976.

Chamoso Llamas, Manuel. «Excavaciones arqueológicas en al catedral de Santiago, tercera fase». *Compostellanum* 1. 2 (1956): 349-400; 2. 4 (1957): 575-678.

Chao, Ramón. *Prisciliano de Compostela*. Barcelona: Seix Barral, 1999.

Chrónica Adefonsi Imperatoris. Ed. Maurilio Pérez González. León: Universidad de León, 1997.

Chrónica Adefonsi Imperatoris. Trad. Richard Fletcher. Manchester: Manchester University Press, 2000.

Chronica hispana saeculi XIII. Ed. Luis Charlo Brea. Turnhout: Brepols Publishers, 1997.

Cid, C. «Santiago el Mayor en el texto y en las miniaturas de los códices del Beato». *Compostellanum* 10 (1965): 231-273.

Cierva, Ricardo de la. *Francisco Franco* T.1. Barcelona: Editorial Planeta, 1982.

—, *Francisco Franco: un siglo de España.* Madrid: Editorial Nacional Artes Gráficas F.M., 1973.

Mar-Molinero, Clare y Ángel Smith, Ángel. Eds. *Nationalism and the Nations in the Iberian Peninsula. Competing and Conflicting Identities.* Oxford: Berg, 1996.

Codex Calixtinux. The Miracles of Saint James: Translations from the Liber Sancti Jacobi. Eds. Thomas F. Coffey y Linda Kay Davidson. New York: Italica Press, 1996.

Cohn, Norman. *The Persuit of the Millennium: Revolutionary Millenarians and Mystical Anarchist of the Middle Ages.* New York: Oxford University Press, 1957.

Corpvs Christianorvm: Continuatio Mediaevalis LXXIV, Lvcae Tvdensis Opera Omnia Tomvs I. Ed. Emma Falque. Turnhout: Brepols Publishers, 2003.

Crónica del emperador Alfonso VII. Ed. Mauricio Pérez González. León: Universidad de León, 1997.

Crónica Najerense. 2ª ed. Ed. Antonio Ubieto Arteta. Zaragoza: Anubar Ediciones, 1985.

Crónicas asturianas: Crónica de Alfonso III, Crónica Albeldense. Eds. Juan Gil Fernández, José L. Moralejo, Juan Ignacio Ruiz de la Peña. Oviedo: Universidad de Oviedo, 1985.

Deyermond, Alan. «Uses of the Bible in the *Poema de Fernán González*». *Cultures in Contact in Medieval Spain: Historical and Literary Essays Presented to L. P. Harvey.* Eds. David Hook y Barry Taylor. London: King's College London Medieval Studies, 1990.

Díaz y Díaz, Manuel. *Visiones del más allá en Galicia durante la Alta Edad Media.* Santiago de Compostela: Fundación Editorial Bibliófilos Gallegos, 1985.

—, «Die spanische Jakobus-Legende bei Isidor von Seville». *Historisches Jahrbuch* 77 (1958): 467-72.

Dictionnaire grec-français. Eds. Bailly, A., L. Séchan y P. Chantraine. Paris: Hachette, 1950.

Ears, David. «Rewriting the Middle Ages». *The Journal for Medieval and Renaissance Studies* 18.2 (1988): 221-240.

Eliade, Mircea. *Lo sagrado y lo profano.* 2ª ed. Trad. Luis Gil. Madrid: Ediciones Guadarrama, 1973.

—, *Mito y realidad.* 3ª ed. Trad. Luis Gil. Barcelona: Editorial Labor, 1978.

—, *Symbolism, the Sacred, and the Arts.* Ed. Diane Apostolos Cappadona. New York: Crossroad, 1985.

—, *The Myth of the Eternal Return.* Trad. Willard R. Trask. New York: Pantheon Books, 1954.

Englund, Steven. «The Ghost of Nation Past». *Journal of Modern History* 64. 2 (1992): 299-320.

Fletcher, Richard. *Saint James's Catapult. The Life and Times of Diego Gelmírez of Santiago de Compostela.* Oxford: Oxford University Press, 1984.

—, *The World of El Cid: Chronicles of the Spanish Reconquest.* New York: Manchester University Press, 2000.

Flórez de Setién y Huidobro, Enrique. *Clave historial con que se abre la puerta à la historia eclesiástica y política, chronología de los papas, y emperadores, reyes de España, Italia, y Francia, con los orígenes de todas las monarquías: concilios, hereges, santos, escritores, y sucesos memorables de cada siglo.* Madrid: Editorial Viuda de Ibarra, Hijos, y Compañía, 1786.

—, *España sagrada* T. 1, 4ª ed. Ed. Rafael Lazcano. Madrid: Editorial Revista Agustiniana, 2000.

Floriano, Antonio Cristino. *Diplomática española del período astur: estudio de las fuentes documentales del reino de Asturias (718-910)* T. 1. Oviedo: Imprenta la Cruz, 1949.

Fox, Inman. *La invención de España: nacionalismo liberal e identidad nacional.* Madrid: Ediciones Cátedra, 1997.

García Colombás. *San Pelayo de Antealtares: historia, espíritu y vida de un monasterio compostelano.* Santiago: Confederación Española de Cajas de Ahorros, 1980.

García de Cortázar, F. *Los mitos de la historia de España.* Barcelona: Planeta, 2003.

García Pelayo, Manuel. *Mitos y símbolos políticos.* Madrid: Taurus, 1964.

Geary, Patrick. *The Myth of Nations: The Medieval Origins of Europe.* Princeton: Princeton University Press, 2002.

Gellner, Ernest. *Nationalism.* New York: New York University Press, 1997.

—, *Naciones y nacionalismos.* 2ª ed. Trad. Javier Setó. Madrid: Alianza Editorial, 1994.

Gómez Moreno, Manuel. *Introducción a la Historia Silense con versión castellana de la misma y de la Crónica de Sampiro.* Madrid: Est. Tipográfico Sucesores de Rivadeneyra, 1921.

González Casanovas, Roberto. «Alfonso X's Concept of Hispania: Cultural Politics in the Histories». *Concepts of National Identity in the Middle Ages.* Eds. Simon Forde y Alan Murray. Leeds: University of Leeds Texts and Monographs, 1995.

Goytisolo, Juan. *Reivindicación del conde don Julián.* Madrid: Alianza Editorial, 1970.

—, «Metáforas de la migración». [Texto leído en el Fórum de las Migraciones de Barcelona. Reproducido en *El País* viernes 24 de septiembre de 2004, Opinión, p. 13.]

Guerra Campos, José. *Exploraciones arqueológicas en torno al sepulcro del Apóstol Santiago.* Santiago de Compostela: Cabildo de la S. A. M. Iglesia Catedral de Santiago, 1982.

Herwaarden, Van. «The Origins of the Cult of St. James of Compostela». *Journal of Medieval History* 6 (1980): 1-35.

Hijano Villegas, Manuel. *Teoría y práctica de la historiografía hispánica medieval.* Ed. Aengus Ward. Birmingham: University Press, 2000.

Historia Compostelana. Ed. Emma Falque. Madrid: Ediciones Akal, 1994.

Historia Silense. Eds. Justo Pérez de Urbel, O. S. B. y Atilano González Ruiz Zorrilla. Madrid: Imprenta de Aldecoa, 1959.

Historia Silense. Ed. Francisco Santos Coco. Madrid: Rivadeneyra, 1919.

Hobsbawm, Eric y Terence Ranger (Eds.). *La invención de la tradición*. Trad. Omar Rodríguez. Barcelona: Crítica, 2002.

—, *Naciones y nacionalismos desde 1780*. 2ª ed. Trad. Jordi Beltrán. Barcelona: Ediciones Crítica, 2004.

Iglesias, C. «Retirado de la catedral el Santiago Matamoros para no irritar al Islam». *El Correo Gallego* viernes 30 de abril de 2004.

Isidoro de Sevilla. *Historias de los reyes Godos, Vándalos y Suevos de Isidoro de Sevilla: estudio, edición, crítica y traducción*. Ed. Cristóbal Rodríguez Alonso (Colección fuentes y estudios de historia leonesa Ser. 13). León: Centro de Estudios de Investigación San Isidoro, Imprenta Diocesana, 1975.

Jenkins, Allan. *The Social Theory of Claude Lévi-Strauss*. New York: St. Martin's Press, 1979.

Klein, Peter. *Der ältere Beatus Kodex der B.N. zu Madrid*. Hildesheim-New York, 1976.

Laín Entralgo, Pedro. *¿A qué llamamos España?* 2ª ed. Madrid: Espasa-Calpe, 1972.

Lausberg, Heinrich. *Manual de retórica literaria: fundamentos de una ciencia de la literatura*. Trad. José Pérez Riesco. Madrid: Editorial Gredos, 1990.

Lewis, Bernard. *History Remembered, Recovered, Invented*. New Jersey: Princeton University Press, 1975.

Liber Sancti Jacobi Codex Calixtinus. Trad. A. Moralejo, C. Torres y J. Feo. Ed. A. Moralejo. Santiago de Compostela: Consejo Superior de Investigaciones Científicas/Instituto Padre Sarmiento de Estudios Gallegos, 1951.

Liber Sancti Jacobi Codex Calixtinus. Ed. Walter Muir Whitehill. Santiago de Compostela: Seminario de Estudios Gallegos, 1944.

Lipskey, Glend Edward. *The Chronicle of Alfonso the Emperor*. Ann Arbor, Michigan: Northwestern University Dissertation, 1972.

Lomax, Oerek. *The Reconquest of Spain*. London: Longman Group, 1978.

López Cenada, Ramón *Prisciliano: su pensamiento y su problema histórico*. Santiago de Compostela: Consejo Superior de Investigaciones Científicas/Instituto Padre Sarmiento, 1966.

López Ferreiro, Antonio. *Historia de la Santa A. M. Iglesia de Santiago de Compostela*. Santiago de Compostela: Seminario Conciliar Central, 1898.

Mapa Mundi: Semeiança del Mundo, a Medieval Description of the World. Eds. William Emerson Bull, Harry F. Williams. University of California Publications in Philology Ser. 51. San Francisco: Berkeley: University Press, 1959.

Mar-Molinero, Clare y Smith, Ángel (Eds.). *Nationalism and the Nations in the Iberian Peninsula. Competing and Conflicting Identities*. Oxford: Berg, 1996.

Maravall, José Antonio. *Antiguos y modernos: visión de la historia e idea de progreso hasta el renacimiento*. Madrid: Alianza Editorial, 1998.

—, *El concepto de España en la Edad Media*. Madrid: Centro de Estudios Constitucionales, 1981.

—, *La cultura del barroco: análisis de una estructura histórica*. Barcelona: Ariel, 1980.

Márquez Villanueva, Francisco. *Santiago: trayectoria de un mito*. Barcelona: Ediciones Bellaterra, 2004.

Martín Corrales, Eloy. *La imagen del magrebí en España: una perspectiva histórica siglos XVI-XX*. Barcelona: Ediciones Bellaterra, 2002.

Martín, M. *El colonialismo español en Marruecos*. Paris: Ruedo Ibérico, 1973.

Menéndez Pidal, Ramón. *Historia de España: España visigoda (414-711 de J.C.)*. Madrid: Espasa-Calpe, 1940.

—, «Los relatos poéticos en las crónicas medievales: nuevas indicaciones». *Revista de Filología Española* 10 (1923): 329-372.

Millar, Elaine. *Jewish Multiglossia: Hebrew, Arabic, and Castilian in Medieval Spain*. Estudios judeoespañoles Ser. 2. Newark, Del: Juan de la Cuesta, 2000.

Montrose, Louis. «New Historicism». *Redrawing the Boundaries: The Transformation of English and American Literary Studies*. Eds. Stephen Greenblatt y Giles Gunn. New York: M. L. A., 1992, pp. 392-418.

Neuss, W. *Die Apokalypse des Hl. Johannes in der altspanischen und altchristlichen Bibelillustration*. Münster, 1931.

Nora, Pierre. *Les lieux de la mémoire*. Paris: Gallimar, 1984-1993.

Pazos, Portela. «Origen del topónimo de Compostela». *Compostellanum* 2. 4 (1957): 575-678.

Pera, Marcello y Ratzinger, Joseph. *Sin raíces: Europa, relativismo, cristianismo, islam*. Trad. Bernardo Moreno y Pablo Largo. Barcelona: Ediciones Península, 2006.

Pérez de Urbel, Justo. *Sampiro, su crónica y la monarquía leonesa en el siglo X*. Madrid: Consejo Superior de Investigaciones Científicas, 1952.

Pérez Garzón, Juan Sisinio. *La gestión de la memoria: la historia de España al servicio del poder*. Barcelona: Crítica, 2000.

Poema de Fernán González. 4ª ed. Madrid: Espasa-Calpe, S.A., 1979.

Poema de Alfonso Onceno. Ed. Yo Ten Cate. Revista de Filología Española Anejo LXV. Madrid: Consejo Superior de Investigaciones Científicas, 1956.

Poema de mío Cid. 14ª ed. Colin Smith. Madrid: Cátedra, 1987.

Primera crónica general de España. Ed. Ramón Menéndez Pidal. Madrid: Editorial Gredos, 1977.

Pulido Fernández, Ángel. *Españoles sin patria y la raza sefardí*. Ed. María Antonia Bravo. Granada: Universidad de Granada, 1993.

Puyol, Julio. *Crónica de España por Lucas, Obispo de Tuy: primera edición del texto romanceado, conforme a un códice de la Academia, preparada y prologada por Julio Puyol*. Madrid: Olózaga, 1926.

Ramos y Loscertales, José María. «Los jueces de Castilla». *Cuadernos de Historia de España* 10 (1948): 75-98.

—, *Prisciliano: gesta rerum*. Salamanca: Universidad de Salamanca, 1952.

Real Academia Española. *Diccionario de la lengua española* 22ª ed. Vols. I, II. Madrid: Espasa-Calpe, 1992.

Rey Castelao, Ofelia. *La historiografía del voto de Santiago: recopilación crítica de una polémica histórica*. Santiago de Compostela: Universidad de Santiago, 1985.

Ríos, José Amador de los. *Historia crítica de la literatura española* 7 Vols. Madrid: Imprenta de J. Rodríguez, 1861.

Romero Tobar, Leonardo. «Tres notas sobre la aplicación del método de recepción en la historia de la literatura española». *Anuario de la sociedad española de literatura general y comparada*, 2, pp. 25-32.

Ruano, Benito. *Estudios santiaguistas*. León: Colegio Universitario de León, 1978.

Sánchez Albornoz, Claudio. *España un enigma histórico*. Buenos Aires: Editorial Sudamericana, 1956.

—, «La auténtica batalla de Clavijo». *Cuadernos de Historia de España* 9 (1948): 94-139.

Sánchez Alonso, Benito. *Historia de la historiografía española: ensayo de un examen de conjunto* 2 Vols. Madrid: Sánchez de Ocaña, 1941.

Sánchez Dragó, Fernando. *La historia mágica del Camino de Santiago*. Barcelona: Editorial Planeta, 1999.

Sancti Beati a Liebana Comentarius in Apocalypsin. Ed. E. Romero-Pose. Roma, 1985.

Sevilla, Isidoro de. *Historias de los reyes Godos, Vándalos y Suevos*. Ed. Cristóbal Rodríguez Alonso. León: Imprenta Diocesana, 1975.

—, *Mapa-Mundi, primera publicación en castellano de un libro de geografía del sabio arzobispo español*. Eds. Antonio Blázquez y Delgado Aguilera. Madrid, 1908.

Schmidt, Siegfried. «On the foundations and the Research Strategies of a Science of Literary Communication». *Poetics* 7 (1973): 7-36.

Simonet, Francisco Javier. *El Concilio III de Toledo: base de la nacionalidad y civilización española. Edición, políglota y peninsular en latín, vascuence, catalán, gallego, portugués. Precedida de un prólogo por D. Francisco Javier Simonet y de un estudio histórico por el P. Juan Antonio Zugasti, S.J. y publicada en conmemoración del XIII centenario del establecimiento de la unidad católica en España*. Madrid: Imprenta de Fortanet, 1891.

Sipes, Randall. *A Critical Edition of the Copilación de los Victoriosos Milagros del Glorioso Bienaventurado Apóstol Santiago by Diego Rodríguez de Almela*. Tesis Doctoral. Chapel Hill: University Press, 1972.

Smith, Anthony D. *Chosen Peoples: Sacred Sources of National Identity*. Oxford: Oxford University Press, 2003.

—, *Myths and Memories of the Nation*. Oxford: Oxford University Press, 1999.

—, *Nationalism*. Eds. John Hutchinson and Anthony D. Smith. Oxford: Oxford University Press, 1994.

Stallaert, Christiane. *Perpetuum mobile: entre la balcanización y la aldea global*. Barcelona: Anthropos Editorial, 2004.

—, *Etnogénesis y etnicidad en España: una aproximación histórico-antropológica al casticismo*. Barcelona: Proyecto A Ediciones, 1998.

The Acts of the Apostles. Trad. A. Joseph, S. Fitzmyer. New York: The Anchor Bible Doubleday Publishing Group, 1997.

The Apocryphal Acts of the Apostles. Eds. Francois Bovon, Ann Graham Brock, Christopher R. Matthews. Cambridge: Harvard University Press, 1999.

Turner, Victor y Turner, Edith. *Image and Pilgrimage in Christian Culture: Anthropological Perspectives.* New York: Columbia University Press, 1978.

Tuy, Lucas de. *Crónica de España por Lucas, Obispo de Tuy: primera edición del texto romanceado, conforme a un códice de la Academia, preparada y prologada por Julio Puyol.* Madrid: Olózaga, 1926.

Ullmann, Walter. *The Relevance of Medieval Ecclesiastical History.* Cambridge: Harvard University Press, 1966.

Walde Moheno, Lillian von der. «La recepción: diversas proposiciones». *Propuestas teórico-metodológicas para el estudio de la literatura hispánica medieval.* México, D. F.: UNAM, 2003.

Weber, Max. «The Nation». *Nationalism.* Eds. John Hutchinson, Anthony Smith. Oxford: Oxford University Press, 1994.

Whitehill, Walter Mur (Ed.). *Liber Sancti Jacobi Codex Calixtinus* 3 Vols. Santiago de Compostela: Seminario de Estudios Gallegos, 1944.

Williams, Raymond. *Marxismo y literatura.* Trad. Pablo di Masso. Barcelona: Península, 1980.

—, *Sociología de la Cultura.* Trad. Graziella Baravalle. Barcelona: Ediciones Paidós Ibérica, 1994.

Zunzunegui, Santos. «Architectures of the Gaze». *Critical Practices in Post-Franco Spain.* Eds. Silvia L. López, Jenaro Talens, Darío Villanueva. Mineapolis: University of Minnesota Press, 1994.

—, *Metamorfosis de la mirada: museo y semiótica.* Madrid: Ediciones Cátedra, 2003.